서술형 무감점을 위한 라이팅 스타트

PROLOG

안녕하세요? 중·고등학생 여러분, 저는 고등학교에서 지난 6년간 학생들을 가르쳐 온 영어 교사예요. 대입에 내신 등급이 중요해지면서 학교 시험이 예전보다 많이 어려워졌어요. 교사로서는 다소 어려운 문제를 꼭 내서 학생들의 등급을 적절히 나눌 수밖에 없답니다. (너무 쉽거나 어려우면 학생들이 피해를 보니까요)

시험 문제를 어렵게 내는 데에는 크게 2가지 방법이 있어요. 첫 번째는 객관식을 어렵게 출제해요. 배운 내용과 관련이 있는 외부 지문을 사용하거나 학생들이 잘 모를 수 있는 어휘가 섞여 있는 문제, 빈칸 유추가 까다로운 문제를 고민에 고민을 거듭하여 출제한답니다. 하지만 한계가 있어요. 객관식은 답이 명확해야 하거든요.

또 하나의 방법은 서술형에서 점수를 가르는 것이에요. 까다로운 객관식 문제보다 출제도 어렵지 않고 부분점수가 있어서 객관식보다 다양하게 차등을 둘 수 있거든요. 그런데 학생들이 이 서술형 문제에서 영작하는 것을 참 힘들어하며 감점을 꼭 당해요. 객관식의 경우 답이 명확하기 때문에 틀리지 않는 경우가 많지만, 서술형의 경우 영작 실력이 탄탄하게 받쳐주지 않으면 감점을 당하고 말거든요.

저번 시험 서술형에서 쓴맛을 보았다면, 또 수행평가에서 영어로 말하고 쓰는 활동을 더 멋지게 해내고 싶다면, 라이팅 실력, 기본부터 확실히 다져보는 것이 어떨까요? 이 책은 영어의 가장 기본적인 문법을 온전히 이해하고 이를 바탕으로 영어로 말하고 쓰는 능력을 키울 수 있도록 도움을 줄 것입니다.

학교 시험에서 서술형, 논술형 비중이 높을 뿐만 아니라 사회에서도 갈수록 영어로 말하고 쓰는 소통 능력이 중요시되고 있다는 것 아시죠? 이 책을 200% 활용해서 꼭 영어 실력을 올려 멋지고 당당한 글로벌 리더로 우뚝 성장해 주었으면 해요. 열심히 공부하고자 다짐한 여러분, 정말 멋있다고 말해주고 싶어요. 그 열정을 진심으로 응원합니다! ^^*

이 책의 활용 팁

차분히 읽으면서 빈칸을 채워보려 노력하세요. 빈칸의 답을 모르는 것이 많을 거예요. 그럴 때에는 답지를 보면서 이해하고 외우세요. 혹시라도 이해가 되지 않는다면 언제든 이메일로 질문해요. 그렇게 읽어가면서 내가 몰랐던 내용, 알지만 헷갈려서 다시 한 번 보아야 할 내용에는 ㅁ 박스 안에 ∨표시를 해 두세요. (englishteacheryejinkim@gmail.com)

모르는 내용이 많았다면 한 PART 씩 끝낸 후 ∨표시가 되어 있는 것만 다시 읽어보세요. 이제 잘 알게 되었다면 ∨표시 위에 ○표시를 하세요. 아직 내 것이 되지 않아서 또 한 번 보아야 할 것 같다면 ∨표시를 그대로 두고 다음에 다시 한 번 점검하며 ∨표시를 없애요.

모르는 내용이 많지 않았다면 세 개 PART 정도씩 끝낸 후, 또는 모든 PART를 끝낸 후 ∨표시가 되어 있는 것만 다시 읽어보세요. 이제는 잘 알고 있다면 ∨표시 위에 ○표시를 하며 ∨를 없애 나가시면 된답니다. 모든 ∨들이 ○로 바뀌었을 때, 여러분은 진정한 영작의 신으로 거듭나는 거예요!

처음 공부할 때 예시

✔① 영어의 품사 → _____ 자로 끝나요!

♺ 각 품사의 예를 들어 보아요~

- □ 명사 ex) **apple**, *book, money, friend, school*
- □ 동사 ex) **run**, *study, meet, dance, eat*
- □ 형용사 ex) **cute**, *lovely, hard, thick, bright*
- □ 부사 ex) **fast**, *very, ~~cool~~, well, much, slowly*
- ✔ 관사 *the* _____
- □ 전치사 ex) **in**, *for, at, by, to, with, as*
- ✔ 접속사 ex) **that**, *~~to??~~* _____

_____

 두 번째 공부할 때 예시

✔① 영어의 품사 → _____ ~사 자로 끝나요!

♺ 각 품사의 예를 들어 보아요~

- □ 명사 ex) **apple**, *book, money, friend, school*
- □ 동사 ex) **run**, *study, meet, dance, eat*
- □ 형용사 ex) **cute**, *lovely, hard, thick, bright*
- □ 부사 ex) **fast**, *very, ~~cool~~, well, much, slowly*
- ✔ 관사 *the, a, an* _____
- □ 전치사 ex) **in**, *for, at, by, to, with, as*
- ✔ 접속사 ex) **that**, *~~to??~~, when, if* _____

_____

Contents

PART 1

품사와 문장성분

1 영어의 품사 → _____ 자로 끝나요!

✓ 각 품사의 예를 들어 보아요~

- □ 명사 ex) apple, _____
- □ 동사 ex) run,_____
- □ 형용사 ex) cute,_____
- □ 부사 ex) fast,_____
- □ 관사 _____
- □ 전치사 ex) in, _____
- □ 접속사 ex) that, _____

_____

2 문장성분 → _____ 자로 끝나요!

✓ 각 문장성분의 영어 대표 철자와 뜻이 무엇이지요?

- □ 주어 (S) : ~은, 는, 이, 가
- □ 서술어 (_____) : _____
- □ 목적어 (_____) : _____
- □ 직접목적어 (_____) : _____
- □ 간접목적어 (_____) : _____
- □ 보어 (_____) : 딱히 뜻이 없어요~ _____ 로 알아두세요!
- □ 형용사적 수식어 (_____) : _____ (' _____ ' 받침), _____
- □ 부사적 수식어 (_____) : _____

서술형 무감점을 위한 라이팅 스타트

3 품사와 문장성분의 차이가 뭘까요?

- □ 품사 : 그 단어가 _____ 가진 성질 (_____ 자로 끝남)
- □ 문장성분 : 그 단어가 _____ 에서 하는 _____ (_____ 자로 끝남)

✓ 각 품사가 어떤 문장 성분으로 쓰일까요?
(= 각 품사가 문장에서 어떤 역할을 할까요?)

- □ 명사는 문장에서 _____ 어, _____ 어, _____ 어 역할
- □ 동사는 문장에서 _____ 어 역할
- □ 형용사는 문장에서 _____ 어 역할 or _____ 사를 수식
- □ 부사는 문장에서 _____ 사 빼고

  _____ 사, _____ 사, _____ 사, _____ 을 수식

Point

- 형용사적 수식어, 부사적 수식어는
  꼭 필요한 문장 성분이 아니라서 있어도 되고 없어도 돼요!

PART 2

영어 문장의 구조

1형식 : 주어(S) + 동사(V)

~는　　　~다

- ex1) ＿＿＿＿＿ ＿＿＿＿＿ ＿＿＿＿＿＿＿＿＿＿. (rise 활용)

　　　　　　S　　　　　　　　V

　태양은 뜬다.

Tip * 하나뿐인 것에는 'the'가 붙어요.

- ex2) ＿＿＿＿＿ ＿＿＿＿＿ ＿＿＿＿＿＿＿＿＿. (suddenly)

　　　　　S　　　　V　　　　　　M

　그는 사라졌다 갑자기

* suddenly는 부사적 수식어

- ex3) ＿＿＿＿ ＿＿＿＿ ＿＿＿＿ ＿＿＿＿＿＿＿. (hard)

　　　　　S　　　V　　　M　　　　M

　나는 노력했다 정말 열심히

* really, hard는 부사적 수식어

□ 다음 동사 중 1형식 동사에만 ○표를 해 보아요~

Hint * 동사 뒤에 어떤 단어도 필요 없는 동사

go	see	live	love	occur	make
come	smile	work	become	tell	

2형식 : 주어(S) + 동사(V) + _____ (   )

~는   ~다   보충해 주는 말

☐ ex1) _____ _____ _____. (smart)

         S   V   C

        나는 똑똑하다

☐ ex2) _____ _____ _____. (taller)

         S   V   C

        그는 키가 더 커졌다

☐ 대표적인 2형식 동사에는 이런 것들이 있어요~

---

1) _____ ex) He is a police officer.

                       S V   C

2) _____ ex) He became a CEO.

                       S   V   C

3) _____ 동사, _____ 동사

see, hear, listen, look, taste, smell, sound, feel

ex) This food tastes salty.

         S   V   C

4) _____ ex) You seem a little busy.

                     S   V   M   C

☐ 오호라~ 보어에는 _____ 사와 _____사만 오는군요!

  (부사는 오지 않아요.)

3형식 : 주어(S) + 동사(V) + _____ (_____)

~는   ~다   ~를

☐ ex1) _____ _____ _____.

        S   V   O

나는 사랑해 너를

☐ ex2) _____ _____ _____ _____.

        S   V   O   M

너는 연주한다 피아노를 아주 잘

> * 악기를 연주할 때에는 play 뒤에 the를 붙여요.
> ** very well은 부사적 수식어

☐ ex3) _____ _____ _____ _____. (a plan)

        S   V   O

나는 가지고 있다 계획을

> * plan처럼 셀 수 있는 명사에는 a나 the나 복수형을 써요.

☐ **다음 동사 중 3형식 동사에만 ○표를 해 보아요~**

> Hint * 동사 뒤에 '~를'이 필요한 동사

---

be   like   sit   study   seem   see

respect   happen   believe   make   fall

4형식 : 주어(S)+동사(V)+ _____ ( )+ _____ ( )

~는   ~다   ~에게   ~를
(4형식 동사는 ~에게 ~를 "~주다"라는 뜻의 동사들이에요!)

□ ex1) _____ _____ _____ _____ .
　　　　　 S　　　　　 V　　　　　 IO　　　　　 DO

　　　나는 주었다 그녀에게 꽃들을

□ ex2) _____ _____ _____ _____ . (bought, a gift)
　　　　　 S　　　　 V　　　 IO　　　　 DO

　　　그들은 사주었다 나에게 선물을

□ ex3) _____ _____ _____ _____ . (the truth)
　　　　　 V　　　　　 IO　　　　　 DO

　　　말해주어라 나에게 진실을

　　　　　　　　　　　　　　* 명령문에는 주어를 쓰지 않아도 되요.

□ 다음 동사 중 4형식 동사에만 ○표를 해 보아요~

Hint * '~에게 ~를 ~주다'라는 의미를 지닌 동사

let	want	send	make	show
have	tell	give	find	keep

5 · 5형식 : 주어(S)+동사(V)+_____( )+_____( )

~는　　~다　　~를　　목적어를 보충해주는 말

(2형식의 보어는 주어를 보충해서 주격보어(S·C),

5형식의 보어는 목적어를 보충해서 목적격보어(O·C)라고 해요)

□ ex1) _____ _____ _____ _____ _____.(the baby)
　　　　　S　　　V　　　　　O　　　　　OC

　　　　나는 만들었다 아기를 울도록

□ ex2) _____ _____ _____ _____.
　　　　　S　　　　V　　　　O　　　　OC

　　　　그들은 부른다 우리를 학생들이라고

□ ex3) _____ _____ _____ _____. (a secret)
　　　　　V　　　　O　　　　OC

　　　　유지해라 그것을 비밀로

□ **대표적인 5형식 동사에는 이런 것들이 있어요.**

---

1) _____ 동사('시키다') : make, have, let

　ex) I had him sleep.
　　　S V   O   OC

2) _____ 동사 : see, watch, hear, feel

　ex) I heard him sing.
　　　S V   O   OC

> * 사역동사, 지각동사 뒤 목적격보어 자리에는 동사원형이 와요~

3) 일반적인 5형식 동사

　want, keep, allow, tell(~를 ~하도록 말하다), find(~를 ~하다고 여기다),

　ask(~를 ~하도록 요청하다), leave(~를 ~로 남겨두다)

　ex) I found him cute.
　　　S V   O   OC

서술형 무감점을 위한 라이팅 스타트

PART 3

수의 일치

□ 1. I, You, We, They는 S를 <u>좋아한다.</u> / 싫어한다.

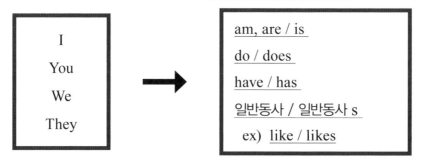

□ 2. He, She It은 S를 좋아한다. / <u>싫어한다.</u>

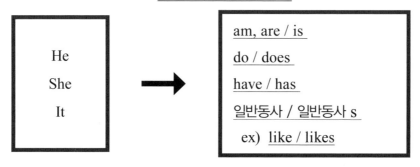

□ ex1) _____ _____ _____. (rise 활용)

　　　　　　　　　　S　　　　　　　V

태양은 뜬다.

* The Sun은 It으로 바꿀 수 있으니까 일반동사s!

□ ex2) _____ _____ _____ _____.

　　　　　　　S　　　　　V　　　　　O　　　　　　OC

선생님들은 부른다 우리를 학생이라고

* Teachers는 They로 바꿀 수 있으니까 일반동사만!

PART 4

·

·

시제

1 단순형

1-1 현재 시제 : 동사에 수의 일치만 시켜주기

1) 현재의 상태

2) 현재 습관적·반복적으로 하는 일

3) 진리

4) 일정이 확실히 정해진 미래의 일

□ ex1) _____ _____ _____.

              S   V   C

       나는 행복하다

□ ex2) _____ _____ _____ _____. (at 10 pm)

              S   V   M

       그 식당은 닫는다 저녁10시에

                                       * '그'는 영어로 'the'

□ ex3) _____ _____ _____ _____. (round)

                S   V   C

       지구는 둥글다

                            * 하나뿐인 것에는 'the'가 붙어요.

□ ex4) _____ _____ _____ _____. (at 6 am)

              S   V   M

       그 비행기는 도착한다 오전 6시에

과거 시제 : 동사를 과거형으로 쓰기

1) 과거에 일어나서 끝난 일

2) 최근 일이더라도 이미 끝난 일이면

   현재가 아니라 과거로 쓴다는 점을 유의하세요!

   □ ex1) _____ _____ _____ _____.
   　　　　　　　　　S　　　　　V　　　　O　　　　　M

   　나의 개는 보았다 TV를 오늘

   * 항상 규칙적으로 TV를 본다는 의미가 아니라 오늘 보는 행위를 마쳤다는 의미이므로 과거 시제예요!'

   □ ex2) _____ _____ _____ _____ _____ _____.
   　　　　　S　　　V　　　O　　　　　　　M

   　(lose, passport, at the airport)

   　나는 잃어버렸다 내 여권을 공항에서

미래 시제 : will + 동사원형

1) 미래에 할 일, 일어날 일

2) will 대신 '~할 예정이다'라는 의미의

   be going to, be about to, be to 등을 쓰기도 해요.

   □ ex) _____ _____ _____ _____ _____. (soon)
   　　　　　　S　　　　　V　　　　　O　　　M

   　나는 방문할 것이다 너를 곧

2 진행형

2-1 진행형의 형태 : _____ + _____

현재 진행형	_____ / _____ / _____ + _____
과거 진행형	_____ / _____ + _____
미래 진행형	_____ _____ + _____

2-2 진행형의 의미 : _____

현재 진행형	지금 ～하고 있다, 가까운 미래에 ～할 예정이다
과거 진행형	(과거에) ～하고 있었다
미래 진행형	(미래에 그 때가 되면)～하고 있을 것이다

- ex1) _____ _____ _____ _____.
  　　　　S　　　　　V　　　　　　　O
  　　　나는 하고 있다 내 숙제를

- ex2) _____ _____ _____ _____.
  　　　　S　　　　　V　　　　　O　　　　M
  　　　Cindy는 만날 것이다 John을 오늘

- ex3) _____ _____ _____ _____. (have dinner)
  　　　　S　　　　　V　　　　　　　O
  　　　그들은 먹고 있었다 저녁을

- ex4) _____ _____ _____ _____ _____.
  　　　　S　　　　　V　　　　　　　O　　　　M
  　　　나는 축구를 하고 있을 것이다 그때

3 완료형

□ 완료형의 형태 : _____ + _____

현재 완료	_____ / _____ + _____
과거 완료	_____ + _____
미래 완료	_____ _____ + _____

3-1 현재 완료의 의미

*'경계가 완결되었다'로 외워요~

1) 경험 : _____

2) 계속 : _____

3) 완료 : _____

4) 결과 : _____

    □ ex1) _____ _____ _____ _____ _____ .

        그녀는 LA에 가본 적이 있다.

> * '~에 가본 적이 있다'는 'have been to~'
> '~로 가버렸다'는 'have gone to~'

    □ ex2) ___ ___ ___ ___ _____ .

        나는 공부해왔다 영어를 3년 동안

> * '동안'은 'for'

    □ ex3) _____ _____ _____ _____ .

        너는 변해버렸다 너무 많이

    □ ex4) _____ _____ _____ _____ .

        나는 잃어버렸다 내 열쇠를

3-2 과거 완료의 의미

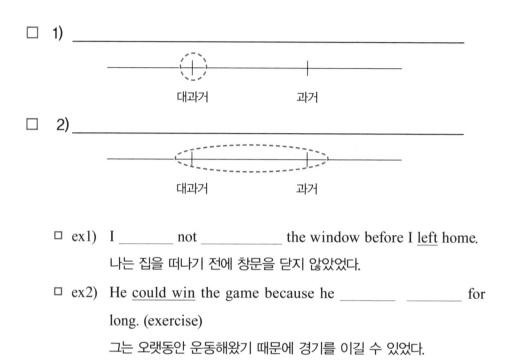

☐ 1) _____

대과거   과거

☐ 2) _____

대과거   과거

☐ ex1) I _____ not _____ the window before I <u>left</u> home.
나는 집을 떠나기 전에 창문을 닫지 않았었다.

☐ ex2) He <u>could win</u> the game because he _____ _____ for long. (exercise)
그는 오랫동안 운동해왔기 때문에 경기를 이길 수 있었다.

3-3 미래 완료의 의미 : _____

☐ ex1) Jason _____ _____ _____ in New York by tomorrow.
내일이 되면 Jason은 뉴욕에 도착해 있을 것이다.

☐ ex2) Scientists _____ _____ _____ the fine dust problem in 10 years.
과학자들은 10년 후에는 미세먼지 문제를 해결할 것이다.

PART 5

수동태

수동태의 형태와 의미

	형태	의미
수동태	_____ + _____	_____
현재 수동태	____ / ____ / ____ + _____	_____
과거 수동태	____ / _____ + _____	_____
조동사 수동태	_____ + _____ + _____	조동사 뜻에 따라 다양

2 **3형식 능동태 문장을 수동태로 바꾸는 방법!**

Step1)   목적어를 _____ 어 자리에 쓴다.

> * 목적어가 있어야만 수동태 문장을 만들 수 있어요.

Step2)   동사를 be+p.p 형태로 쓴다.

Step3)   전치사 _____ +주어를 쓴다.

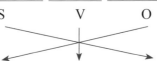

[능동태] My mother cooked this food.
　　　　　S　　　　　V　　　　　O

[수동태] This food was cooked by my mother.
　　　　　S　　　　V+be p.p

□ ex1) [능동태] 강아지는 쫓는다 고양이를

The dog chases the cat.

→ [수동태] 고양이는 쫓긴다 강아지에 의해

_____.

□ ex2) [능동태] Tom이 보냈다 그 fax를

Tom sent the fax.

→ [수동태] 그 fax는 보내졌다 Tom에 의해

_____.

③ 4형식 능동태 문장을 수동태로 바꿀 때에는 _____ 나 _____ 둘 중 하나를 주어로!

1) **간접목적어(IO)를 주어로 쓰는 경우:** 수동태 동사 뒤에 직접목적어를 쓴다.

2) **직접목적어(DO)를 주어로 쓰는 경우:** 수동태 동사 뒤에 전치사to+간접목적어를 쓴다.

＊ 간접목적어의 '～에게'라는 의미를 to가 나타내줘요.
＊ buy, make, get 같은 동사는 to 대신 for을 쓰고 직접목적어만 주어로 써요.

[능동태]　I gave her flowers.
　　　　　 S　V　 IO　　DO

[수동태]　1) She was given flowers by me.
　　　　　 2) Flowers were given to her by me.

ㅁ ex1) [능동태] 그녀는 말해주었다 나에게 그 비밀을

　　　　　　 She told me the secret.

　　→ [수동태] 1) 나는 들었다 그 비밀을 그녀에 의해

　　　　　 _____

　　　　　 _____.

　　→ [수동태] 2) 그 비밀은 말해졌다 나에게 그녀에 의해

　　　　　 _____

　　　　　 _____.

ㅁ ex2) [능동태] 그는 사주었다 나에게 멋진 드레스를

　　　　　　 He bought me a nice dress.

　　→ [수동태] 멋진 드레스는 사졌다 나에게 그에 의해

　　　　　 _____

　　　　　 _____.

5형식 능동태 문장을 수동태로 바꿀 때에는 목적격보어(OC)의 형태에 따라 다르다!

목적격보어(OC)가 1) 형용사 / to부정사 / ~ing이면 ＿＿＿＿＿＿ 쓴다.

2) 동사이면 ＿＿＿＿＿＿ 로 고쳐서 쓴다.

---

1) 목적격보어를 그대로 쓰는 경우

[능동태] He told her to study hard.
         S   V   O   OC

[수동태] She was told to study hard by him.
                        그대로

2) 목적격보어를 to부정사로 고쳐서 쓰는 경우

[능동태] She made them work.
         S   V   O   OC

[수동태] They were made to work by her.
                     to부정사로

☐ ex1) [능동태] 그의 말은 만들었다 그녀를 행복하게

His words made her happy.

→ [수동태] 그녀는 만들어졌다 행복하게 그의 말에 의해

＿＿＿＿＿＿＿＿＿＿＿＿＿＿＿＿＿＿＿＿ .

☐ ex2) [능동태] 나는 들었다 누군가가 노래하는 것을

I heard someone sing.

→ [수동태] 누군가는 들어졌다 노래하는 것을 나에 의해

＿＿＿＿＿＿＿＿＿＿＿＿＿＿＿＿＿＿＿＿ .

전치사 by 대신 다른 전치사를 쓰는 수동태들

표현	의미
be interested _____	_____
be satisfied _____	_____
be filled _____	_____
be covered _____	_____

- ☐ ex1) _____ _____ _____ _____ _____ _____.

  나는 많은 것들에 흥미가 있다.

- ☐ ex2) _____ _____ _____ _____ _____ _____.

  그 산은 눈으로 덮여 있다.

6 그 밖의 다양한 수동태

☐ 1) 현재 진행 수동태

	현재진행형 am/are/is ~ing	~하고 있다
+	수동태 be p.p	~되다

현재진행수동태 am/are/is being p.p ~되고 있다

☐ 2) 과거 진행 수동태

	과거진행형 was/were ~ing	~하고 있었다
+	수동태 be p.p	~되다

과거진행수동태 _____ / _____ _____ _____

☐ **3) 현재 완료 수동태**

현재완료형 have/has p.p   경.계.완.결.

+ | 수동태   be p.p ~되다

현재완료수동태 _____ / _____ _____ _____ 4가지 뜻

(~된 적 있다, ~되어 왔다, ~되었다, ~되어 버렸다)

☐ **4) 과거 완료 수동태**

 – 형태 : _____ _____ _____

 – 의미 : _____,

   _____

☐ **5) 미래 완료 수동태**

 – 형태 : _____ _____ _____

 – 의미 : _____,

 ◻ ex1) ____ ____ ____ ____ ____ ____ ____.

   그는 쫓기고 있다 누군가에 (chase)

 ◻ ex2) ____ ____ ____ ____ ____ ____ ____.

   그 접시는 깨져버렸다 나에 의해 (break)

 ◻ ex3) ____ ____ ____ ____ ____

   ____ ____ ____ ____.

   그 프로젝트는 완료될 것이다 마감시한 전에

   (complete, the deadline)

PART 6

조동사

1 can

의미	예문
1) _____	She <u>can</u> speak French.
2) _____	You <u>can</u> take it if you want.
3) _____	<u>Can</u> I talk to you later?
4) _____	That <u>can't</u> be true.

2 could

의미	예문
1) _____	I <u>could</u> sing well when I was young.
2) _____	<u>Could</u> I use your phone?
3) _____	If you like him, you <u>could</u> ask him out.
4) _____	You <u>could</u> be wrong.
5) _____	That <u>couldn't</u> be true.

☐ can, could가 능력(~할 수 있다)을 의미할 때에는

can은 _____ / _____ / _____ _____ _____로,

could는 _____ / _____ _____ _____로 바꿔 쓸 수

있어요~

3 may

의미	예문
1) _____	<u>May</u> I use your pencil?
2) _____	You <u>may</u> leave now.
3) _____	She <u>may</u> win the game.

4 might

의미	예문
1) _____	We <u>might</u> get there in time, but I am not sure.
2) _____	You <u>might</u> try calling her.
3) _____	<u>Might</u> I say something?

5 will

의미	예문
1) _____	I <u>will</u> be there tomorrow.
2) _____	I <u>will</u> do it for you.
3) _____	<u>Will</u> you water the plants?

6 be going to

의미	예문
1) _____	He <u>is going to</u> come tonight.
2) _____	I <u>am going to</u> try harder.

7 would

의미	예문
1) _____	He <u>would</u> be in time.
2) _____	I <u>would</u> leave tomorrow.
3) _____	<u>Would</u> you do me a favor?

✔ would와 used to 비교

의미	예문
_____ _____	- He <u>would</u> travel alone. - My grandfather <u>would</u> take care of me.
_____ _____ _____	- I <u>used to</u> visit my uncle every Saturday. - There <u>used to</u> be a post office.

8 must

의미	예문
1) _____	We <u>must</u> eat regularly.
2) _____	You <u>must</u> not do it.
3) _____	He <u>must</u> be at home.

9 have to

의미	예문
1) _____	You <u>have to</u> solve the problem.
2) _____	You <u>don't have to</u> go there.

10 should

의미	예문
1) _____	You <u>should</u> be careful.
2) _____	She <u>should</u> succeed.

11 ought to

의미	예문
1) _____	I <u>ought to</u> go now.
2) _____	If he started early, he <u>ought to</u> be here by now.

12 had better

의미	예문
_____ _____	We <u>had better</u> leave now or we'll miss the bus.

13 be supposed to

의미	예문
_____	We <u>were supposed to</u> meet earlier.

□ ex1) _____ _____ _____ _____. (be, right)
그는 옳을 리가 없다

□ ex2) _____ _____ _____ _____. (be, single)
그녀는 싱글임이 틀림없다

□ ex3) _____ _____ _____ _____. (sit down)
당신은 앉으셔도 됩니다

□ ex4) _____ _____ _____ _____ _____.
너는 그녀에게 전화할 필요가 없다

□ ex5) _____ _____ _____ _____. (throw waste)
너는 쓰레기를 던져서는 안 된다

서술형 무감점을 위한 라이팅 스타트

□ ex6) _____ _____ _____ _____ _____ _____
_____ _____. (put on, this coat)

너는 이 코트를 꼭 입어야만 한다

□ ex7) _____ _____ _____ _____ ____ ____ ____.

내가 그것을 하기로 되어있었다

□ ex8) _____ _____ _____ _____. (hurry)

우리는 서둘러야 한다

□ ex9) _____ _____ _____ _____ _____ _____.

그녀는 미국에 살았었다(지금은 살지 않을 때)

□ ex10) _____ _____ _____ _____ _____
_____ _____. (on Christmas)

나는 부모님께 방문하곤 했었다 크리스마스에

□ ex11) _____ _____ _____.

그는 울지도 모른다

□ ex12) _____ _____ _____ _____.

나는 그 게임을 이길 것이다

□ ex13) _____ _____ _____.

그것은 쉬울 것이다 (중간 정도의 추측)

	표현	의미
1)	might have p.p	_____
	He <u>might have stolen</u> it.	
2)	may have p.p.	_____
	He <u>may have missed</u> the bus.	
3)	could have p.p.	_____
	He <u>could have got married</u>, but he didn't.	
4)	would have p.p.	_____
	I <u>would have helped</u> you, but I was busy.	
5)	must have p.p.	_____
	They <u>must have lied</u> to you.	
6)	can't have p.p.	_____
	She <u>can't have slept</u> well last night.	
7)	should have p.p.	_____
	You <u>should have watered</u> it more often.	
8)	ought to have p.p.	_____
	They <u>ought to have apologized</u>.	
9)	need not have p.p.	_____
	You <u>need not have brought</u> it.	

- ex1) ＿＿＿ ＿＿＿＿ ＿＿＿＿＿ ＿＿＿＿ ＿＿＿ .

  나는 그것을 끝냈어야 했는데 (안 했다)

- ex2) ＿＿＿ ＿＿＿＿ ＿＿＿＿＿ ＿＿＿＿ ＿＿＿ .

  그는 그녀를 도와줄 수도 있었는데 (안 했다)

- ex3) ＿＿＿ ＿＿＿＿＿ ＿＿＿ ＿＿＿＿ ＿＿＿ .

  그녀는 화났었음이 틀림없다

- ex4) ＿＿＿ ＿＿＿＿ ＿＿＿ ＿＿＿＿ ＿＿ ＿＿ .

  그들은 거짓말했을지도 모른다 너에게

- ex5) If James had been invited, ＿＿＿＿ ＿＿＿＿

  ＿＿＿＿ ＿＿＿ ＿＿＿＿ ＿＿＿ ＿＿＿ .

  그는 왔을 것인데 (못 왔다) 그 파티에

- ex6) ＿＿＿ ＿＿＿ ＿＿＿ ＿＿＿ ＿＿＿ . (yet)

  그는 그것을 했을 리가 없다 아직

- ex7) ＿＿＿ ＿＿＿ ＿＿＿ ＿＿＿ ＿＿＿ ＿＿＿ .

  우리는 그들을 기다릴 필요가 없었는데(기다렸다)

- ex8) ＿＿＿ ＿＿＿ ＿＿＿ ＿＿＿ ＿＿＿ . (earlier)

  나는 더 일찍 떠났어야 했는데 (안 했다)

□ 조동사 뒤에는 동사를 _____ 으로 써야 해요.

- 다음 문장에서 틀린 부분을 바르게 고쳐 보세요.

□ ex1)   He can speaks English really well.

□ ex2)   Jimmie was going to called her.

□ ex3)   I used to met him once a week.

□ ex4)   Sam must has forgotten the meeting.

□ ex5)   He was supposed to is there to pick her up.

□ ex6)   Christine should has handed in her assignment on time.

PART 7

의문문, 부정문

동사 형태	방법
1) be동사가 있을 때	_____ 동사를 문장 맨 앞으로
2) have p.p.일 때	_____ 동사를 문장 맨 앞으로
3) 조동사가 있을 때	_____ 동사를 문장 맨 앞으로
4) 일반동사일 때	_____ 동사를 문장 맨 앞에 추가 (이 때의 do는 조동사 → 뒤에 동사는 _____ 으로)

☐ 의문사가 있을 때에는

_____ 를 문장 맨 앞에 적은 후 위 방법대로!

ㅁ ex1) You are a student.

→ _____ ?

ㅁ ex2) He is having trouble with his car.

→ _____ ?

ㅁ ex3) He has done great things.

→ _____ ?

ㅁ ex4) You could have done it better.

→ _____ ?

□ ex5) He likes you.

→ _____ ?

□ ex6) You envied me.

→ _____ ?

□ ex7) _____ _____ _____ _____ ?

무엇이 문제입니까?

□ ex8) _____ _____ _____ _____ ?

너 어디에 있었니? (과거부터 현재까지)

□ ex9) _____ _____ _____ _____ _____ ?

나는 이제 무엇을 할 수 있을까? (now)

□ ex10) _____ _____ _____ _____ ?

그들은 언제 도착했나요? (arrive)

□ ex11) _____ _____ _____ _____ _____ ?

너는 누구의 책을 빌렸니? (borrow)

□ ex12) _____ _____ _____ _____ _____ ?

너는 얼마나 자주 책을 읽니? (how often)

동사 형태	방법
1) be동사가 있을 때	_____ 동사 뒤에 부정어
2) have p.p.일 때	_____ 동사 뒤에 부정어
3) 조동사가 있을 때	_____ 동사 뒤에 부정어
4) 일반동사일 때	_____ 동사 뒤에 부정어 추가 (이 때의 do는 조동사 → 뒤에 동사는 _____ 으로)

□ ex1) You are a student.

→ _____.

□ ex2) He is having trouble with his car.

→ _____.

□ ex3) He has done great things.

→ _____.

□ ex4) You could have done it better.

→ _____.

□ ex5) He likes you.

→ _____.

□ ex6) You envied me.

→ _____.

PART 8

명사

☑️ 명사를 쓸 때 항상 주의할 점

　→ 가산명사(셀 수 _____ 는 명사)인지

　　불가산명사(셀 수 _____ 는 명사)인지 확인!

1 셀 수 있는 명사일 때에는

1) **명사 앞에**

_____ / an, _____, _____(ex)Tom's, his) 또는 _____ 형을 써야 함!

2) **수를 나타내고 싶을 때 쓸 수 있는 표현들:**

no, one, two, each, every, few, a few, some, any, several, many, a number of, a lot of, plenty of, thousands of, a dozen of, most, all,,

2 셀 수 없는 명사일 때에는

1) **명사 앞에**

1-1) a, an: 쓸 수 O / X

1-2) the: 특정한 것을 나타낼 때 쓸 수 O / X

1-3) 소유격: 사용을 원하면 쓸 수 O / X

1-4) 복수형: 쓸 수 O / X

2) **양을 나타내고 싶을 때 쓸 수 있는 표현들:**

no, little, a little, some, any, much, a great deal of, a lot of, plenty of, a glass of, two cans of, a slice of, most, all,,

③ 셀 수 있는 명사

→ a/an, the, 소유격, 또는 복수형을 써야 함!

☐ 1) _____ 명사 ex) book, dog, car

☐ 2) _____ 명사 ex) family, team, audience

④ 셀 수 없는 명사

→ a/an, 복수형 쓸 수 없음!

☐ 1) _____ 명사(=이름)

☐ 2) _____ 명사

ex) coffee, water, soup, food, salt, cheese, ice, bread, paper, clothing, furniture, jewelry, equipment, glass, heat, light, air, dust, wind

– 물질명사의 수량을 나타내고 싶을 때에는 다음과 같이 표현할 수 있어요.

ex) a glass of milk, two cups of coffee, an ounce of salt, a piece of paper

☐ 3) _____ 명사

ex) love, information, news, confidence, importance, knowledge, truth, music, homework, beauty, work

다음 중 셀 수 있는 명사에만 ○표를 해 보아요~

chair   furniture   office   exam

sentence   bicycle   luck   park   letter

milk   air   ball   hair   homework   egg

chicken   equipment   Korea   grass

music   bottle   health   dust

PART 9

·

·

관사

부정관사(a/an)를 쓰는 경우

□ 1) '세상 수많은 것들 중 _____ 한 하나'를 의미할 때

　　ex1)　I need a pen. (수많은 펜들 중 불특정한 하나)

　　ex2)　I want to buy a car. (수많은 차들 중 불특정한 하나. 아직 무엇을
　　　　　　살지 결정을 안 한 상태)

□ 2) '_____'를 의미할 때

　　ex) There is an apple.

□ 3) 한 종류, 종족의 _____

　　ex1)　An ant uses its antenna to smell.

　　ex2)　A child can learn better in a safe environment.

2 정관사(the)를 쓰는 경우

□ 1) '_____ 한 그것'을 의미할 때
　　(앞에서 이미 말한 것 또는 그 상황의 특정한 그것)

　　ex1)　I fell in love with a man and the man is my husband now.

　　ex2)　Would you close the window?

□ 2) 종류, 종족의 _____

　　ex1)　The computer changed our lives.

　　ex2)　The tiger belongs to the cat family.

□ 3) 세상에 _____ 뿐일 때

    ex) the Earth, the Sun, the universe, the south

□ 4) _____ 또는 _____ 로 수식을 받아서 특정한 것일 때

    ex1) The trees on the street are olive trees.

    ex2) The girl who is next to me is Judy.

□ 5) _____ 급, 서수(ex)first, second), next, only, same, very (' 바로 그'의 의미)와 함께 쓰일 때

    ex1) I am the happiest person in the world now.

    ex2) The very restaurant is run by my cousin.

□ 6) 'the+형용사'로 ' _____ '을 의미할 때

    ex1) The poor are getting poorer.

✔ 다음 중 잘못된 부분이 있다면 고쳐보아요~

    □ ex1) She gives a good advice.

    □ ex2) Do you own a car? Is a car blue?

    □ ex3) Nobody lives on the Moon.

    □ ex4) Can you give me book on the table?

    □ ex5) This is best day ever.

☐ ex6) A curiosity is a great trait.

☐ ex7) The dolphin is a very intelligent animal.

☐ ex8) He always carries a little dollars.

☐ ex9) We left the Rome on Monday.

☐ ex10) Jim likes to wear hat.

☐ ex11) Everyone has problems in life.

☐ ex12) We need to get new phone.

☐ ex13) I bought pair of shoes.

☐ ex14) I saw movie last night.

☐ ex15) That is a girl I told you about.

☐ ex16) Juan is Spanish.

☐ ex17) I would like a bread.

☐ ex18) I bought new TV set yesterday.

☐ ex19) She is nice girl.

☐ ex20) Love is all around.

☐ ex21) I bought umbrella to go out in the rain.

☐ ex22) Apple a day keeps the doctor away.

☐ ex23) I need to buy some milk today.

☐ ex24) A few knowledge is a dangerous thing.

☐ ex25) They are in the same class at school.

☐ ex26) We used to live under the same roof like a family.

☐ ex27) A music makes people happy.

☐ ex28) Bring me a paper.

☐ ex29) A nice dress can make you look beautiful.

☐ ex30) Please put many cheese on the sandwich.

□ few, little의 의미와 쓰임을 기억해요~

	거의 없는	약간은 있는
셀 수 있는 명사 앞에는	few	_____
셀 수 없는 명사 앞에는	_____	a little

셀 수 있는 명사 앞에는 few를 사용하고,
셀 수 없는 명사 앞에는 little을 사용하는데

'a'가 없으면 하나도 없으니까 '거의 없는'(부정적)
'a'가 있으면 하나는 있으니까 '약간은 있는'(긍정적)
이렇게 외워봐요~

PART 10

전치사

전치사 뒤에는 항상 _____ 사가 오고,
전치사 뒤의 명사는 항상 _____ 격으로 쓴다는 것을 기억해요!

Hint * for he/for him 무엇이 맞나요?

1 시간을 나타내는 전치사

전치사	활용
□ at	비교적 _____ 시간
	ex) <u>at</u> 1 o'clock, <u>at</u> noon
□ on	_____, 날짜, 특정한 날의 아침·오후·저녁
	ex) <u>on</u> Monday, <u>on</u> May 5, <u>on</u> Saturday Morning
□ in	비교적 _____ 기간, 하루의 일부
	ex) <u>in</u> April, <u>in</u> summer, <u>in</u> the afternoon
□ for	[~동안] _____ 기간을 나타내는 말과 함께 쓰임
	ex) <u>for</u> ten seconds, <u>for</u> a year
□ during	[~동안] _____ 기간을 나타내는 말과 함께 쓰임
	ex) <u>during</u> summer, <u>during</u> the night
□ from	[_____] 시작 시점만 나타냄
	ex) I studied <u>from</u> morning to night.
□ since	[~부터] 시작 시점부터 _____ 까지 계속
	ex) I have studied <u>since</u> this morning.

서술형 무감점을 위한 라이팅 스타트

전치사	활용
□ by	[~까지] 해당 시점까지 또는 그전에 _____ 되면 됨
	ex) I have to finish it <u>by</u> 7pm.
□ until	[~까지] 해당 시점까지 _____ 됨
	ex) I have to work <u>until</u> 7pm.
□ before	[_____] + 시간/일에 관련된 표현 모두 가능
	ex) Call me <u>before</u> noon.
□ after	[_____] + 시간/일에 관련된 표현 모두 가능
	ex) I feel good <u>after</u> a sound sleep.

ℭ 보기에서 빈칸에 들어갈 적절한 전치사를 골라 적어보아요~

```
〈보기〉

at    on    in    for    during    from

since    by    until    before    after
```

□ ex1) Soccer started _____ the 1850s.
축구는 시작했다 1850년대에

□ ex2) He and I talked on the phone _____ midnight
yesterday.
그와 나는 전화했다 자정까지 어제

□ ex3) He turns into a nice person _____ work.
그는 바뀐다 좋은 사람으로 일을 마친 후에

□ ex4) Where were you _____ working hours?
너 어디에 있었니 근무시간 동안

□ ex5) I want to visit your office _____ Monday.
나는 방문하고 싶습니다 당신의 사무실을 월요일에

□ ex6) It has been five years _____ you met me.
5년이 되었다 너가 나를 만난 이후로

□ ex7) We will move in _____ tomorrow.
우리는 이사올 것이다 내일까지

□ ex8) The class is over _____ four thirty.
수업은 끝난다 4시 30분에

□ ex9) This must be done _____ tonight.
이것은 끝내져야 한다 오늘밤 이전에

□ ex10) I have been looking for this _____ hours.
나는 이것을 찾아왔다 몇 시간 동안

□ ex11) He studied music _____ childhood.
그는 음악을 공부했다 어린 시절부터

2

장소를 나타내는 전치사

전치사	활용
□ at	[_____] 작은 지점, 큰 장소 모두 표현
	ex) I like to stay at home. ex) Does the train stop at Yongsan?
□ in	[_____] 비교적 넓은 구역
	ex) in the kitchen, in America
□ on	[~위에] 표면 위에 _____ 있을 때
	ex) on the wall, on the street
□ over	[~위에] 덮을 때 or 약간 _____ 있을 때
	ex) I put my hand over my mouth. ex) He held an umbrella over her.
□ under	[_____]
	ex) under the bridge, under the Sun
□ above	[_____]
	ex) We saw the moon above the hill. ex) I want to fly above the clouds.
□ below	[_____]
	ex) Skirts should be worn below the knee. ex) The roots are below the ground.
□ in front of	[_____]
	ex) in front of our house

전치사	활용
☐ before	[_____] ex) <u>before</u> the king, <u>before</u> our house
☐ behind	[_____] ex) <u>behind</u> me, <u>behind</u> the door
☐ between	[_____] ex) <u>between</u> you and me, <u>between</u> meals
☐ among	[_____ , ~에 둘러싸여] 셋 이상일 때 ex) She found a flower <u>among</u> the leaves. ex) I want to live <u>among</u> the mountains.
☐ around	[_____] ex) look <u>around</u> the room, sit <u>around</u> the fire
☐ by	[_____] 비교적 가까이에 ex) <u>by</u> the river, sit <u>by</u> me
☐ beside	[_____] 바로 옆에 ex) <u>beside</u> the river, sit <u>beside</u> me
☐ next to	[_____] ex) His house is <u>next to</u> my house.
☐ across	[_____] ex) There's a park <u>across</u> the street.

서술형 무감점을 위한 라이팅 스타트

전치사	활용
□ along	[_____]
	ex) We walked <u>along</u> the beach.
□ to	[_____]
	ex) <u>to</u> the south, <u>to</u> the gate
□ toward	[_____]
	ex) <u>toward</u> the west, <u>toward</u> home
□ into	[_____]
	ex) She dived <u>into</u> the river.
□ onto	[_____]
	ex) The cat jumped <u>onto</u> the sofa.
□ out of	[_____]
	ex) He took money <u>out of</u> his pocket.
□ through	[_____]
	ex) The Seine flows <u>through</u> Paris.
□ off	[_____]
	ex) fell <u>off</u> a ladder, get <u>off</u> a train

〈보기〉

at in on over under above below infrontof

before behind between among around by

beside nextto across along to toward into

onto outof through off

☐ ex1) The sun rose _____ the horizon.
    태양이 떠올랐다 수평선 위로(수평선과 떨어져서)

☐ ex2) He studied _____ Harvard university.
    그는 공부했다 하버드 대학교에서

☐ ex3) The car passed _____ the tunnel.
    그 차는 지나갔다 그 터널을 관통하여

☐ ex4) Gold flows _____ _____ the country.
    금이 유출되고 있다 그 나라 밖으로

☐ ex5) She drove _____ the coastal highway.
    그녀는 운전했다 해안 고속도로를 따라서

☐ ex6) The people are standing _____ a nice stream.
    사람들이 서 있다 멋진 개울 바로 옆에

□ ex7) His office is _____ the street.
그의 사무실은 있다 길 맞은 편에

□ ex8) The oranges fell _____ the floor.
오렌지들은 떨어졌다 바닥 위로

□ ex9) Write your name _____ the blackboard.
너의 이름을 써라 칠판에

□ ex10) Keep _____ the grass.
잔디에서 떨어져 있으세요

□ ex11) The elevator doesn't stop _____ the third floor.
그 엘리베이터는 멈추지 않는다 3층 아래에서

□ ex12) They are walking _____ the park.
그들은 걷고 있다 공원을 향해

□ ex13) Come and sit _____ the fire.
와서 앉아라 난롯가에

□ ex14) There is not enough space _____ the two houses.
충분한 공간이 없다 그 두 집 사이에

전치사	활용
□ by	[∼로, ∼함으로써, _____]
	ex) I go to work <u>by</u> subway. ex) You can succeed <u>by</u> trying hard. ex) This must be written <u>by</u> Christine.
□ in	[_____, ∼로, ∼에 있어서]
	ex) You should come <u>in</u> five minutes. ex) She can speak <u>in</u> Korean. ex) Memory is important <u>in</u> learning.
□ with	[_____, ∼를 가지고]
	ex) I live <u>with</u> my parents. ex) I like a person <u>with</u> a soft temper.
□ for	[_____, _____, ∼가]
	ex) It's a book <u>for</u> children. ex) I can't sleep <u>for</u> the noise. ex) This is heavy <u>for</u> you to carry.
□ from	[_____, ∼ 때문에]
	ex) He was speaking <u>from</u> his heart. ex) She is exhausted <u>from</u> working.
□ as	[_____, ∼로서]
	ex) The audience rose <u>as</u> one man. ex) This box will serve <u>as</u> a table.

전치사	활용
□ on	[_____] ex) This is a book <u>on</u> history.
□ of	[_____] ex) It is a waste <u>of</u> time.
□ besides	[_____] ex) She seems to have no friend <u>besides</u> you.
□ in addition to	[_____] ex) He speaks Chinese <u>in addition to</u> English.
□ against	[_____] ex) She was <u>against</u> buying it.
□ ~에 찬성하는	f_____, with ex) They voted <u>for</u> independence. ex) Are you <u>with</u> us?
□ ~때문에	because of, d_____ to, t_____ to, owing _____, on account of ex) The flight is delayed <u>due to</u> bad weather.
□ ~를 고려해 볼 때	given, c_____ ing ex) <u>Given</u> her age, she is very active.
□ ~의 측면에서	in t_____ of, in relation with, in respect of, on the b_____ of ex) My job is great <u>in terms of</u> salary.

전치사	활용
□ ～에 대한	r_____ing, co_____ing, with r_____ to, with regard to with reference to
	ex) Where can I get information <u>regarding</u> jobs overseas?
□ ～에 대해 말하자면, ～의 경우에는	when it _____ to, s_____ing of, on the matter of, in relation to, as f_____, as t_____
	ex) <u>When it comes to</u> chemistry, he knows really well.
□ ～를 제외하고	_____ (for), apart _____, aside from, b_____
	ex) I can eat anything <u>but</u> fish.
□ ～가 없다면	without, but f_____
	ex) <u>But for</u> your help, I couldn't have succeeded.

서술형 무감점을 위한 라이팅 스타트

✓ 보기에서 빈칸에 들어갈 적절한 전치사를 골라 적어보아요~

〈보기〉

by   in   for   as   on   of   due to   given

in terms of   regarding   but

when it comes to   as for   without

□ ex1)   Our school is number one _____ _____ _____ baseball.
　　　　우리 학교는 최고이다 야구에 관해서는

□ ex2)   _____ _____ England, it rains a lot all the time.
　　　　영국의 경우에는, 항상 비가 많이 온다

□ ex3)   It can be used _____ a knife.
　　　　그것은 사용될 수 있다 칼로서

□ ex4)   I love traveling _____ many reasons.
　　　　나는 여행을 사랑한다 많은 이유 때문에

□ ex5)   She answered my question _____ difficulty.
　　　　그녀는 내 질문에 답했다 어려움 없이

□ ex6)   Please excuse us _____ this matter.
　　　　양해해주시기 바랍니다 이 일에 대해서는

□ ex7) They were closed _____ _____ fire damage.
그곳들은 폐쇄되었다 화재 피해 때문에

□ ex8) We learn _____ doing.
우리는 배운다 행동함으로써

□ ex9) The amount of rain affects the growth _____ crops.
비의 양은 영향을 준다 작물의 성장에

□ ex10) _____ _____ _____ _____ swimming,
no one is her match.
수영에 대해 말하자면, 아무도 그녀의 상대가 되지 못 한다

□ ex11) I had much trouble _____ learning.
나는 어려움이 많았다 배우는 데에 있어서

□ ex12) Everyone was there _____ him.
모두가 그곳에 있었다 그를 제외하고

□ ex13) He published an article _____ politics.
그는 한 기사를 실었다 정치에 관한

□ ex14) _____ the circumstances, you did really well.
그 상황을 고려해봤을 때, 너는 정말 잘했다

PART 11

구 - to 부정사

☑️ 영문법에서는 3가지를 "구"라고 불러요!

1) _____

2) _____

3) _____

☑️ to 부정사의 뜻 3가지는 무엇일까요? (꼭 외우기!)

☐ 1) _____
   → 뜻이 '~것'으로 끝나면 품사가 _____ 사예요!
     to 부정사가 '_____'으로 해석되면 '_____ 구' 또는
     'to 부정사의 _____ 용법'이라고 해요!

☐ 2) _____
   → 뜻이 '~ㄴ 또는 ㄹ 받침'으로 끝나면 품사가 _____ 사예요!
     to 부정사가 '_____'로 해석되면 '_____ 구' 또는
     'to 부정사의 _____ 용법'이라고 해요!

☐ 3) _____ (다른 뜻도 많아요)
   → 뜻이 다양하게 끝나면 품사가 _____ 사예요!
     to 부정사가 다양한 뜻으로 해석되면 '_____ 구' 또는
     'to 부정사의 _____ 용법'이라고 해요!

서술형 무감점을 위한 라이팅 스타트

→ 명사구 (=to 부정사의 명사적 용법)
→ 문장에서 _____어, _____어, _____어 역할

1-1 to 부정사가 명사구로 주어 역할을 하는 경우

☐ ex1)   _____ _____ _____ is easy.
케익을 만드는 것은 쉽다

☐ ex2)   _____ _____ _____ _____ _____ is
romantic. (beach)
해변을 따라 걷는 것은 로맨틱하다

☐ ex3)   _____ _____ _____ means failure. (give up)
포기하는 것은 의미한다 실패를

☐ ex4)   _____ _____ _____ _____ _____. (go abroad)
외국에 가는 것은 재미있다

☐ ex5)   _____ _____ _____ _____ _____ _____
_____. (hide your feelings)
너의 감정들을 숨기는 것은 좋지 않다

부정사가 명사구로 목적어 역할을 하는 경우

- ☐ ex1) I like _____ _____ _____.
  나는 좋아한다 그를 보는 것을

- ☐ ex2) He forgot _____ _____ _____ _____.
  그는 잊었다 그의 우산을 가져오는 것을

- ☐ ex3) He decided _____ _____ _____.
  그는 결심했다 살을 빼는 것을 (lose weight)

- ☐ ex4) _____ _____ _____ _____ _____
  _____ _____.
  그녀는 시작했다 말하는 것을 우리에게 그 이야기를

- ☐ ex5) _____ _____ _____ _____ _____.
  잊지 말아라 은행에 가는 것을

to 부정사가 명사구로 보어 역할을 하는 경우

- ☐ ex1) My new year's resolution is _____ _____ _____.
  (quit smoking)
  나의 새해 다짐은 담배를 끊는 것이다

- ☐ ex2) I wanted him _____ _____ _____.
  나는 원했다 그가 그곳에 가는 것을

□ ex3) _____ _____ _____ _____ _____ .

　　　　보는 것이 믿는 것이다

□ ex4) _____ _____ _____ _____ _____ _____ .

　　　　나의 목표는 공학자가 되는 것이다 (engineer)

□ ex5) _____ _____ _____ _____ _____ _____ .

　　　　나는 요청했다 그녀가 나에게 전화하기를

2　to 부정사가 '_____'로 해석될 때

→ 형용사구 (=to 부정사의 형용사적 용법)
→ 문장에서 _____어 역할 또는 _____사를 수식

2-1　to 부정사가 형용사구로 보어 역할을 하는 경우

(이 경우는 '~하는, ~할'이 아니라 아래 의미를 지녀요.)

□ 'be동사 to 부정사~'의 여러 의미

의미	예문
1) _____	I am to meet him at five.
2) _____	You are to finish it by noon.
3) _____	She is to get married to him.
4) _____	No one is to be seen here.
5) _____	If you are to be a writer, you should read a lot.

□ ex1) If we are_____ _____ _____, you should trust me.

(remain friends)

만약 우리가 친구로 남고자 한다면, 너는 나를 믿어야 한다

□ ex2) _____ _____ _____ _____

_____ _____. (follow this rule)

너는 이 규칙을 따라야 한다

□ ex3) _____ _____ _____ _____ _____ _____.

우리는 만날 예정이다 여기에서 내일

2-2 to 부정사가 형용사구로 명사를 수식하는 경우

□ ex1) I need a book _____ _____.

나는 필요하다 책이 읽을

□ ex2) I have many friends_____ _____ _____.

나는 친구가 많다 함께 이야기할

* talk many friends(많은 친구들을 이야기하다)가 아니라
talk with many friends(많은 친구들과 함께 이야기하다)가 맞겠죠?

□ ex3) _____ _____ _____ _____ _____ _____.

나는 필요하다 한 의자가 위에 앉을

* sit a chair가 아니라 sit on a chair이에요.

□ ex4) _____ _____ _____ _____ _____.

시간이다 영어를 공부할 (It is time)

□ ex5) _____ _____ _____ _____ _____

_____ _____?

너 줄 수 있겠니 내게 어떤 것을 마실

---

3 to 부정사가 _____한 뜻으로 해석될 때

→ 부사구 (=to 부정사의 부사적 용법)

→ 문장에서 _____사, _____사, _____사 또는 _____을 수식

□ to 부정사 부사적 용법의 여러 의미

의미	예문
1) _____	I need your help <u>to finish this</u>.
2) _____	This book is easy <u>to read</u>.
3) _____	She is really kind <u>to say so</u>.
4) _____	It is nice <u>to meet you</u>.
5) _____	She grew up <u>to be a ballerina</u>.

□ ex1) This food is too spicy _____ _____.

이 음식은 너무 맵다 먹기에

□ ex2) He was so surprised _____ _____ _____

_____.

그는 매우 놀랐다 그 뉴스를 들어서

□ ex3) He is so lucky _____ _____ _____

_____ _____. (such good friends)

그는 아주 운이 좋다 그런 좋은 친구들을 갖고 있는 것을 보니

□ ex4) _____ _____ _____ _____. (be 100)

그는 살아서 100살이 되었다

□ ex5) _____ _____ _____ _____ _____.

나는 샀다 계란들을 빵을 만들기 위해서

**☞ to 부정사의 주체(의미상의 주어)를 나타내고 싶을 때에는
"_____+목적격"으로 쓰면 돼요!**

> Ex) <u>To Get up early</u> is unusual.
>
> → <u>For him</u> <u>to get up early</u> is unusual.
>
> 그가 일찍 일어나는 것은 흔하지 않다

□ ex1) It is hard _____ _____ _____ _____.

내가 그것을 하는 것은 어렵다

□ ex2) _____ _____ _____ _____ _____

will take much time.

그가 그 책을 읽는 것은 시간이 오래 걸릴 것이다

PART 12

·

·

구 - ~ing

C✓ ~ing의 뜻 3가지는 무엇일까요? (꼭 외우기!)

□ 1) _____
  → ~ing가 '_____'으로 해석되면
    '_____구' 또는 '_____사'라고 해요!

□ 2) _____
  → ~ing가 '_____'으로 해석되면
    '_____구' 또는 '_____사'라고 해요!

□ 3) _____
  → ~ing가 '_____'로 해석되면
    '_____구' 또는 '_____구문'이에요!

1 ~ing가 '_____'으로 해석될 때

→ 명사구 (= _____사)
→ 문장에서 _____어, _____어, _____어 역할

1-1 ~ing가 명사구(동명사)로 주어 역할을 하는 경우

□ ex1) _____ in the rain is romantic.
  빗속에서 걷는 것은 로맨틱하다

□ ex2) _____ _____ _____ should not mean losing old ones.

새로운 친구들을 만드는 것은 의미해서는 안 된다 오랜 친구들을 잃는 것을

□ ex3) _____ _____ _____ _____

_____ _____. (for health)

물을 마시는 것은 좋다 건강에

1-2 ~ing가 명사구(동명사)로 목적어 역할을 하는 경우

□ ex1) I enjoy _____ _____ in the mall. (look around)

나는 즐긴다 쇼핑몰에서 구경하는 것을

□ ex2) There is no secret to _____ _____.

비결은 없다 살을 빼는 것에 (lose weight)

* 전치사 뒤에 있는 명사는 전치사의 목적어에요~

□ ex3) _____ _____ _____ _____ _____.

나는 좋아한다 음악 듣는 것을

□ ex4) _____ _____ _____ _____ _____ _____

_____ _____. (be interested in)

나는 흥미가 있다 새로운 언어를 배우는 것에

~ing가 명사구(동명사)로 보어 역할을 하는 경우

- ex1) My hobby is _____ stamps. (collect)

  나의 취미는 우표들을 모으는 것이다

- ex2) _____ _____ _____ _____ _____ _____.

  그의 목표는 그 차를 운전하는 것이다.

- ex3) _____ _____ _____ _____ _____

  _____ _____. (My job, find their jobs)

  나의 직업은 돕는 것이다 사람들이 그들의 직업들을 찾도록

~ing가 '_____'의 의미일 때도 있어요!

- ex1) What _____ _____ should I buy?

  어떤 후라이팬(튀기기 위한 팬)을 제가 사야 하나요?

- ex2) _____ _____ _____ _____ _____.

  나는 사용한다 침낭(자기 위한 가방)을

② ~ing가 '_____'으로 해석될 때

→ 형용사구 (=_____사)
→ 문장에서 _____어 역할 또는 _____사를 수식

2-1 ~ing가 형용사구로 보어 역할을 하는 경우

□ ex1) The mosquitoes are so _____

that I can't sleep. (annoy)

그 모기들은 너무 성가시게 해서 내가 잘 수가 없다

□ ex2) I found the idea _____. (appeal)

나는 생각했다 그 아이디어는 호소력 있다고

□ ex3) _____ _____ _____ _____ _____

_____ _____. (conclusion, shock)

그 이야기의 결말은 충격적이다

□ ex4) ____ _____ _____ ____ _____.

나는 들었다 그가 바이올린을 연주하는 것을

▢ ex1) The _____ baby is so adorable.

그 자고 있는 아기는 매우 사랑스럽다

▢ ex2) The woman _____ on the sofa is my mother.

저 소파 위에 앉아있는 여성이 내 어머니이다

▢ ex3) _____ _____ _____ _____ _____

_____ _____ _____ _____?

너 저 소녀를 아니 벤치 위에서 노래하고 있는

▢ ex4) _____ _____ _____ _____ _____.

(dance, look)

그 춤을 추고 있는 커플은 행복해 보인다

3 ~ing가 '_____'로 해석될 때

→ 부사구 (= _____구문)

→ _____을 수식

□ 분사구문 만드는 법: 부사 _____을 부사 _____로 바꾸기

☪ 부사절 : 부사절을 만드는 접속사(when, while, as, after, because 등)로
만든 종속절

1st. **접속사 없애기**
(접속사를 강조하고 싶을 때에만 그대로 두기)

2nd. **부사절과 주절의 주어가 같으면 주어 없애기**
(다르면 그대로 두기)

3rd. **동사에 ~ing 붙이기** (being은 생략 가능)

Ex1) When he rides a bike, he wears a helmet.

→ 1st. (When) he rides a bike, he wears a helmet.

2nd. (When) he rides a bike, <u>he</u> wears a helmet.

3rd. (When) <u>riding</u> a bike, he wears a helmet.
자전거를 타면서, 그는 헬멧을 쓴다

Ex2) When she opened it, her fingers trembled.

→ 1st. (When) she opened it, her fingers trembled.

2nd. (When) <u>she</u> opened it, <u>her fingers</u> trembled.

3rd. (When) she <u>opening</u> it, her fingers trembled.
그녀가 그것을 열면서, 그녀의 손은 떨렸다

다음 문장에서 부사절을 분사구문으로 바꿔보아요~

□ ex1) Since he had much money, he could buy the watch.

→ _____

_____.

□ ex2) If you turn to the right, you will see the restaurant.

→ _____

_____.

□ ex3) She hummed her favorite song while she took a shower.

→ _____

_____.

□ ex4) While she was walking on the street, she met him.

→ _____

_____.

□ ex5) When I walked onto the stage, my heart beat faster.

→ _____

_____.

⟁ 부사구(분사구문)를 활용하여 영작해보아요~

☐ ex1) _____ where it is, I can find the place.

나는 그것이 어디에 있는지 알기 때문에, 그 장소를 찾을 수 있다

☐ ex2) (_____) _____ for two weeks, his school record seemed really bad.

그가 2주 동안 아팠기 때문에, 그의 학교 기록은 정말 나빠 보였다

☐ ex3) (_____) _____ to join, I went to her house-warming party. (ask)

참석해달라고 요청을 받아, 나는 그녀의 집들이에 갔다

☐ ex4) _____ _____, _____ _____ _____.

그녀는 공부했다 음악을 들으면서

☐ ex5) _____ _____ _____, _____ _____ _____ _____ _____. (late for school)

늦게 일어나서, 나는 학교에 늦었다

□ ~ing(동명사)의 주체(의미상의 주어)를 나타내고 싶을 때에는

~ing 앞에 "_____격 (or _____격)"으로 쓰면 돼요!

(소유격이 원칙이나 목적격도 사용해요~)

Ex1) We celebrated <u>winning the contest.</u>

→ We celebrated <u>his</u> <u>winning the contest.</u>

우리는 축하했다 그가 대회에서 이긴 것을

Ex2) I am tired of <u>being late.</u>

→ I am tired of <u>the bus</u> <u>being late.</u>

나는 지쳤다 버스가 늦는 것에

□ ex1) What do you think about _____

_____ an expensive car?

너는 어떻게 생각하니 그가 비싼 차를 산 것에 대해

□ ex2) What are the chances of _____

_____ _____? (make it)

확률이 얼마나 되니 너가 성공할

PART 13

·

·

절

✓ 드디어 절이 나왔네요. 영어 문장 쓰기의 꽃입니다!
이것만 잘 알면 아무리 긴 문장도 술술 쓸 수 있어요!
아래 내용을 꼭 이해하고 외워요~!

☐ 절이란 곧 _____을 말합니다!

☐ <u>주절/종속절</u>은 주된 문장(=큰 문장),

　　<u>주절/종속절</u>은 종속된 문장(=작은 문장)을 의미해요!

☐ ex)　I know that you do your best.에서
　　　　S　V　　　　　S　V

　　주절은 _____이고

　　종속절은 _____예요!

　　종속절을 구분하고 싶으면 괄호를 치면 편하답니다!

☐ 앗, 그런데!
　　종속절이 주어인 you부터가 아니라 that부터이네요~?
　　종속절은 주어 동사가 바로 오지 않고
　　맨 앞에 반드시 _____로 끝나는 것들 중 하나가
　　와야 해서 그래요!!

☑ 종속절을 만들어 주는 _____로 끝나는 것들 4가지

1 _____사]: t____(~것), i___/w_____(~인지)

→ '~것, ~인지'라는 뜻으로 _____사절을 만들어

_____어, _____어, _____어 역할을 하게 해줘요~

Ex1) (If he came) is not clear.

(그가 왔는지는) 확실하지 않다

→ 명사절 → 주어 역할

Ex2) I heard (that he succeeded.)

나는 들었다 (그가 성공했다는 것을)

→ 명사절 → 목적어 역할

2 _____사 (의문문 만들 때 사용하는 것들) :

w_____(누가), w_____(언제), w_____(어디에서), w_____(무엇을),

h_____(어떻게), w_____(왜), w_____+명사(어느 무엇 ex) which color)

→ '~인지'라는 뜻으로 _____사절을 만들어

_____어, _____어, _____어 역할을 하게 해줘요~

Ex1) (Where he went) is not known.

(어디에 그가 갔는지는) 알려지지 않았다

→ 명사절 → 주어 역할

Ex2) The question is (who will do it).

문제는 (누가 그것을 할 것인지)이다

→ 명사절 → 보어 역할

3 _____사

3-1 관계대명사

	주격	목적격	소유격
사람	w_____	w_____ / w_____	w_____
사물	w_____	w_____	w_____ / of w_____

☐ _____격, _____격 관계대명사는 t_____으로 바꿔도 돼요!
(앞에 전치사나 콤마(,)가 있을 때에는 안 돼요)

☐ _____격 관계대명사와 _____격 관계대명사 + _____동사는
생략할 수 있어요!

    ex1) This is the book <u>which</u> I lost.(O)

          This is the book <u>that</u> I lost.(O)

          This is the book I lost.(O)

    ex2) I know the boy <u>who</u> is singing loudly.(O)

          I know the boy <u>that</u> is singing loudly.(O)

          I know the boy singing loudly.(O)

☐ 이외에도 관계대명사 w_____이 있는데 다른 관계사들과는 달리
what은 _____이라는 뜻으로 명사절을 만들어 주어, 목적어, 보어
역할을 하게 합니다~
what은 _____ _____ _____로 바꿀 수 있어요~

✔️ 관계대명사로 2문장을 1문장으로 바꾸는 방법

1st.   똑같은 단어 2개 찾기

2nd.   똑같은 단어 2개 중
       앞에 있는 똑같은 단어까지 그대로 쓰기

3rd.   뒤에 있는 똑같은 단어를 관계대명사로 바꾸어 쓰기

4th.   나머지 쓰기

Ex1) This is the boy. He is a singer.

→ 1st.   This is the boy. He is a singer.

2nd.   This is the boy

3rd.   This is the boy who(사람 주격 관계대명사)

4th.   This is the boy who is a singer.

Ex2) The chair is broken. I bought the chair.

→ 1st.   The chair is broken. I bought the chair.

2nd.   The chair

3rd.   The chair which(사물 목적격 관계대명사)

4th.   The chair which I bought is broken.

* which가 뒷 문장에서 나온 것이기 때문에 뒷 문장의 I bought을 먼저 써서 (which I bought)을 종속절로 만들어 준 후 나머지 is broken을 써요.

□ ex1) I know the girl. She is dancing with Sam.

→   _____ .

□ ex2) The woman is my teacher. Her hair is red.

→   _____ .

□ ex3) The man is smiling. Sandy met him yesterday.

→   _____

→   _____ .

□ ex4) I found the thing. He had lost the thing.

→   _____

→   _____ .

✔ 접속사 that과 관계사 that을 구분하는 Tip!

	that 뒤의 종속절	의미
접속사 that	완전 / 불완전한 문장	_____
관계대명사 that	완전 / 불완전한 문장	_____
관계부사 that	완전 / 불완전한 문장	_____

Ex1) I didn't know <u>that you came</u>.

네가 왔다는 것을(~것, 완전한 문장→접속사)

Ex2) I love the food <u>that you made</u>.

네가 만든(~ㄴ, made의 목적어가 없는 불완전한문장→관계대명사)

Ex3) I found a place <u>that we can go</u>.

우리가 갈 수 있는(~ㄴ, 완전한 문장→관계부사)

3-2 관계부사 4개

시간	장소	방법	이유
w _____ .	w _____	h _____	w _____

□ 관계부사 = _____사 + 관계대명사예요!

　즉, 전치사+관계대명사를 관계부사로 바꿀 수 있어요~

Ex1) I left on the day. She arrived on the day.

　→ 1st.　I left on <u>the day</u>. She arrived on <u>the day</u>.

　　2nd.　I left on <u>the day</u>

　　3rd.　I left on the day <u>which</u>(사물 목적격 관계대명사)

　　　　＊ 전치사 뒤의 명사는 목적격이라는 것 잊지 않았죠?

　　4th.　I left on the day which <u>she arrived on</u>.

　　　　= I left on the day <u>on</u> which she arrived.

　　　　＊ 맨 끝의 전치사를 관계대명사 앞에 써도 돼요.

　　　　= I left on the day <u>when</u> she arrived.

　　　　　＊ day는 시간을 나타내니 관계부사 when을 써요.

Ex2) I know the reason. He likes me for the reason.

　→ 1st.　I know <u>the reason</u>. He likes me for <u>the reason</u>.

　　2nd.　I know <u>the reason</u>

　　3rd.　I know the reason <u>which</u>(사물 목적격 관계대명사)

　　4th.　I know the reason which <u>he likes me for</u>.

　　　　= I know the reason <u>for</u> which he likes me.

　　　　= I know the reason <u>why</u> he likes me.

◔ 관계부사 생략

관계부사로 문장을 만들면 다음과 같이 나오게 되는데

　　1) 시간: ~ the time when ~.

　　2) 장소: ~ the place where ~.

　　3) 방법: ~ the way how ~.

　　4) 이유: ~ the reason why ~.

✓ 이 때 the time만 쓰고 when은 생략하거나

　the time은 생략하고 when만 쓰는 것이 가능해요!

　　ex)　I know <u>the time</u> <u>when</u> he came.(○)

　　　　I know <u>the time</u> he came.(○)

　　　　I know <u>when</u> he came.(○)

그런데 the way how는 함께 쓸 수 없고 반드시 the way 또는 how만 써야 해요!
가능한 패턴을 정리하면 이렇게 되겠죠~

시간	the time when	the time	when
장소	the place where	the place	where
방법	~~the way how~~	the way	how
이유	the reason why	the reason	why

☐ **관계부사 역시 t_____으로 바꿔도 돼요!**

　(앞에 전치사나 콤마(,)가 있을 때에는 안 돼요)

□ 관계사(관계대명사, 관계부사)들은
　'＿＿＿＿＿' 받침의 뜻으로 ＿＿＿＿＿사절을 만들어
관계사 앞에 있는 선행사인 ＿＿＿＿＿사를 수식해요～

Ex1) I know the girl who is dancing with Sam.
　　　나는 안다 소녀를 Sam과 춤추고 있는

　　　→ '춤추고 있는～'이라는 뜻으로 형용사절을 만들어 관계사 앞
　　　　에 있는 선행사인 명사 the girl을 수식

Ex2) The woman whose hair is red is my teacher.
　　　그 여자는 머리가 빨간 나의 선생님이다

　　　→ '머리가 빨간～'이라는 뜻으로 형용사절을 만들어
　　　　관계사 앞에 있는 선행사인 명사 the woman을 수식

Ex3) I left on the day when she arrived.
　　　나는 떠났다 그 날에 그녀가 도착했던

　　　→ '도착했던～'이라는 뜻으로 형용사절을 만들어
　　　　관계사 앞에 있는 선행사인 명사 the day를 수식

when(~할 때), before, after, until,

if(만약 ~한다면), u_____(만약 ~하지 않으면),

although, even _____(비록 ~일지라도),

whereas, _____(~하는 반면에,~하는 동안에),

because, a_____(~할 때,~ 때문에),

s_____(~한 후로, ~ 때문에),

as if, as t_____(마치 ~인 것처럼) 등

□ → 위 접속사들은

　　다양한 뜻으로 _____사절을 만들어

　　_____을 수식해요~

Ex1) (If you receive the package), please let me know.

　　(만약 너가 그 소포를 받는다면) 내게 말해줘라

　　→ 부사절 → 문장 수식

Ex2) He behaved (as if nothing had happened).

　　그는 행동했다(마치 아무일도 일어나지 않았던 것처럼)

　　→ 부사절 → 문장 수식

다음 문장에서 종속절에 괄호하고 명사절, 형용사절, 부사절 중 무슨 절인지, 어떤 역할을 하는지 써봅시다～

□ ex1) The hotel where I stayed had four stories.

호텔은 내가 머물렀던 4층이었다

→ _____사절 → _____사 수식

□ ex2) That the situation was bad was evident.

상황이 나빴다는 것은 명백했다

→ _____사절 → _____어 역할

□ ex3) I don't like people who talk too much.

나는 좋아하지 않는다 사람들을 너무 많이 얘기하는

→ _____사절 → _____사 수식

□ ex4) Time goes fast when one is busy.

시간은 빨리 간다 한 사람이 바쁠 때에는

→ _____사절 → _____수식

□ ex5) Money is what I want.

돈이 내가 원하는 것이다

→ _____사절 → _____어 역할

□ ex6) Strike while the iron is hot.

쳐라 쇠가 뜨거울 때

→ _____사절 → _____수식

□ ex7) Evelyn is the girl everyone likes.

Evelyn은 소녀이다 모두가 좋아하는

* 목적격 관계대명사가 생략된 경우이죠?

→ ＿＿＿＿＿＿＿사절 → ＿＿＿＿＿＿＿사 수식

□ ex8) Whether she will do the work is not guaranteed.

그녀가 그 일을 할지는 보장되지 않았다

→ ＿＿＿＿＿＿＿사절 → ＿＿＿＿＿＿＿어 역할

□ ex9) The problem is whether we should tell them about the situation.

문제는 우리가 그들에게 그 상황에 대해서 말해야 하는 지이다.

→ ＿＿＿＿＿＿＿사절 → ＿＿＿＿＿＿＿어 역할

□ ex10) The book which she recommended is fun.

책은 그녀가 추천했던 재미있다

→ ＿＿＿＿＿＿＿사절 → ＿＿＿＿＿＿＿사 수식

□ ex11) This is the way he found the treasure.

이것이 방법이다 그가 보물을 찾은

* 관계부사가 없어진 경우이죠?

→ ＿＿＿＿＿＿＿사절 → ＿＿＿＿＿＿＿사 수식

PART 14

절 – 명사절

☑ 명사절을 만들어 주는 '~사'들 3가지

1 _____사: t_____ (~것), i___ /w_____ (~인지)

- ex1) _____ she will leave today is confirmed.

  그녀가 오늘 떠날 것이라는 것은 확정되었다

- ex2) W_____ he will join us is uncertain.

  그가 우리와 함께 할지는 확실하지 않다

- ex3) _____ _____ _____ _____ _____

  _____ _____ _____ . (tell a lie)

  그가 거짓말을 했다는 것은 놀랍지 않다

- ex4) _____ _____ _____ _____ _____ _____ .

  내게 말해줘라 그가 오늘 오는 지를

- ex5) _____ _____ _____ _____ _____ _____

  _____ _____ _____ . (the reason)

  이유는 이다 그가 열심히 일하지 않았다는 것

☐ 접속사 that으로 만든 종속절이 명사절로 _____어 역할을
할 때에는 that을 생략할 수 있어요!

Ex) I heard that he succeeded.(O)

  S V   O

  I heard he succeeded.(O)

126

w_____(누가), w_____(언제), w_____(어디에서),

w_____(무엇을), h_____(어떻게), w_____(왜),

w_____+명사(어느 무엇 ex) which color)

☐ 의문사로 종속절을 만들 때 종속절의 어순은

의문문 형식인 의문사 동사 주어가 아니라

_____+_____+_____예요!

Ex)   I don't know <u>who are you</u>. (✕)
　　　　　　　　　　의문사 동사 주어

I don't know <u>who you are</u>. (○)
　　　　　　　　　의문사 주어 동사

☐ ex1)   I know _____ _____ _____ _____.
나는 안다 그녀의 이름이 무엇인지를

☐ ex2)   Do you know _____ _____ _____?
너는 아니 그가 어디에 있는지를

☐ ex3)   _____ _____ _____ _____
_____ _____ _____. (wonder)
나는 궁금해했다 왜 그가 그것을 물었는지를

☐ ex4)   _____ _____ _____ _____ _____ _____.
누가 나를 좋아하는 지는 중요하지 않다

3 관계대명사 w_____ : 뜻이 '_____'으로 끝남

- ex1) Is that w_____ you want?

  그게 너가 원하는 것이니?

- ex2) _____ _____ _____ _____ _____ .

  그 가게는 판다 내가 좋아하는 것을

- ex3) _____ _____ _____ _____ _____ .

  내가 원하는 것은 너이다

PART 15

·

·

절 – 형용사절

☑ 형용사절을 만들어 주는 _____사

1 관_____사

	주격	목적격	소유격
사람	w _____	w _____ / w _____	w _____
사물	w _____	w _____	w _____ / of w _____

□ 주격, 목적격 관계대명사는 _____으로 바꿔 쓸 수 있다는 것, 잊지 않았죠?

□ ex1) I found the pen _____ _____ _____.
　　　　나는 찾았다 그 펜을 그녀가 좋아하는

□ ex2) The cup _____ _____ _____ _____
　　　　is white.
　　　　그 컵은 그가 내게 준 하얗다

□ ex3) He is the person _____ I want to make friends with.
　　　　그가 사람이다 내가 친구가 되고 싶은

　　　　　　　* 원래 문장에서 전치사 with와 함께 쓰인 명사이니까 무슨 격인지 알지요?

□ ex4) _____ _____ _____ _____ _____ _____

_____ _____.

나는 한 남자를 안다 10마리의 개를 갖고 있는

□ ex5) _____ _____ _____ _____ _____ _____.

나는 읽었다 책을 네가 쓴

* 목적격 관계대명사는 생략 가능한 것 기억하죠?

□ ex6) _____ _____ _____ _____ _____ _____

_____ _____ _____ _____ _____.

그 사람은 내게 어젯밤에 전화했던 나의 엄마였다

□ ex7) _____ _____ _____ _____ _____

_____ _____ _____. (enjoyable)

그 파티는 우리가 갔던 매우 즐거웠다

* go to a party라는 점에 유의 하세요~

2 관_____사

시간	장소	방법	이유
w _____	w _____	h _____	w _____

□ 관계부사도 _____으로 바꿔 쓸 수 있다는 것, 기억하죠?

□ ex1) Sandy likes the time _____ _____

_____ _____ _____ _____. (take a rest)

Sandy는 좋아한다 시간을 그녀가 쉴 수 있는

□ ex2) I was curious about _____ _____

_____ _____ _____ _____.

나는 궁금했다 그가 실수들을 했던 이유에 대해

□ ex3) _____ _____ _____ _____ _____ _____ _____

_____ _____ _____. (the way, handle)

Jason은 알지도 모른다 방법을 우리가 그것을 처리할 수 있는

□ ex4) _____ _____ _____ _____ _____ _____ _____

_____ _____ _____ _____ _____.

나는 방문할 것이다 그 장소를 내가 1년간 일해왔던

□ ex5) _____ _____ _____ _____ _____ _____.

이것이 이유이다 내가 그녀를 좋아하는

◔ 관계사 앞에 콤마(,)가 있으면 계속적 용법이라고 하는데
해석만 '그리고~' 또는 '그런데~'라고 하면 돼요!

Ex1) I have two sons, who are doctors.
나는 아들이 2명 있다, 그런데 그들은 의사이다

Ex2) We went to Hawaii, where we spent our vacation.
우리는 갔다 하와이에, 그리고 거기에서 우리는 휴가를 보냈다

PART 16

절 - 부사절

✓ 부사절을 만들어 주는 _____사

when(~할 때), before, after, until,

if(만약 ~한다면), u_____(만약 ~하지 않으면),

although, even _____(비록 ~일지라도),

whereas, _____(~하는 반면에,~하는 동안에),

because, a_____(~할 때,~ 때문에),

s_____(~한 후로, ~ 때문에),

as if, as t_____(마치 ~인 것처럼) 등

□ ex1)   You should not speak _____ you eat.
　　　　너는 말하면 안 된다 너가 먹는 동안에

□ ex2)   _____ you were out, I left a message.
　　　　너가 밖에 있었기 때문에, 내가 메시지를 남겼다

□ ex3)   You look _____ _____ you haven't slept all night.
　　　　너 보인다 마치 밤새 못 잔 것처럼

□ ex4)   _____ _____ _____ _____ _____
　　　　_____ _____, _____ _____ _____ _____.
　　　　너가 그것을 비록 좋아하지 않을 지라도, 너는 그것을 해야한다

□ ex5) _____ _____ _____ _____

_____ _____ . (ring)

쓰는 것을 멈추어라 종이 울릴 때

□ ex6) _____ _____ _____ _____ _____, _____ _____ .

만약 너가 내 도움이 필요하다면, 나에게 전화해라

□ ex7) _____ _____ _____ _____ _____ _____ .

(the price, go down)

기다려라 가격이 내려갈 때까지

□ ex8) _____ _____ _____ _____ _____ _____

_____ _____ _____ _____ .

(look at, the table of contents)

목차를 보아라 네가 책을 사기 전에

□ ex9) _____ _____ _____ _____ _____ _____

_____ _____ _____ .

(miss, unless, quickly)

너는 그 버스를 놓칠 것이다 만약 빨리 걷지 않으면

☐ 시간과 조건의 부사절 안에서는
미래 일을 말할 때에도 _____ 시제를 써요!

---

1) 시간의 부사절을 만드는 접속사:

when(~할 때), while, until, after, before, as soon as(~하자마자) 등

2) 조건의 부사절을 만드는 접속사:

if, unless(만약~하지 않으면), once(일단~하면),

as long as (~하는 한) 등

Ex1) <u>When</u> I <u>reach</u> Seoul, I <u>will call</u> you.

Ex2) I<u>'ll call</u> the police <u>unless</u> you <u>give</u> my money back.

☐ ex1) I will take you to Busan _____

_____ _____ _____ next time.

나는 너를 부산에 데려갈 거야 네가 한국을 방문할 때 다음번에

☐ ex2) _____ _____ _____ _____ _____ _____,

we will start the party. (show up)

그녀가 나타나자마자, 우리는 파티를 시작할 것이다

☐ ex3) _____ _____ _____, _____ _____ _____

_____ .

만약 여름이 오면, 나는 행복해 질 것이다

PART 17

가정법

가정법은 <u>사실</u> / <u>사실의 반대</u>,

일어날 확률이 <u>있는</u> / <u>없는</u> 일을

가정하고 싶을 때에만 쓰는 거예요!

* 일어날 확률이 있는 일을 가정하고 싶을 때에는 그냥 원래 시제에
맞게 동사를 쓰면 돼요~

① 가정법 과거: <u>현재/과거</u> 사실의 반대를 가정
[지금 ~한다면, ~할 텐데]

☐ If 주어 _____ 시제~, 주어 w/c/s/m _____ ~.

* w/c/s/m: would/could/should/might 중 하나를 쓰면 되
는데 would를 제일 많이 써요~

Ex1) If I <u>were</u> you, I <u>wouldn't do</u> that.
만약 내가 너라면, 나는 그것을 하지 않을 텐데
* 가정법에서 be동사의 과거시제는 was가 아니라 were을 써요!

Ex2) If we <u>had</u> a car, we <u>could travel</u> more.
만약 우리가 차를 갖고 있다면, 우리는 더 여행할 텐데

☐ ex1) If I _____ in UK, I _____ _____ English.
만약 내가 영국에 있다면, 영어를 말할 수 있을 텐데

☐ ex2) _____ _____ _____ _____ _____, _____
_____ _____ _____ _____ _____.
만약 그가 한국에 산다면, 나는 그를 매일 만날 텐데

가정법 과거완료: 현재/과거 사실의 반대를 가정

[과거에~했다면,~했을텐데]

□ If 주어 _____+_____~, 주어 w/c/s/m _____+_____~.

Ex1) If I <u>had studied</u> hard, I <u>could have passed</u> the test.

만약 내가 공부를 열심히 했다면, 시험을 통과했을 텐데

Ex2) If it <u>had not rained</u>, we <u>would have gone</u> to the beach.

만약 비가 안 왔더라면, 우리는 해변에 갔었을 텐데

□ ex1) If I _____ _____ you, I _____ _____

_____ _____ _____.

만약 내가 너였다면, 나는 그렇게 하지 않았을 텐데

□ ex2) _____ _____ _____ _____ _____ _____,

_____ _____ _____ _____ _____.

(be busy, attend your wedding)

만약 내가 바쁘지 않았다면, 너의 결혼식에 참석했을 텐데

3 혼합가정법: _____ 와 _____ 사실의 반대를 가정

[과거에~했다면, 지금~할텐데]

☐ If 주어 _____ + _____ ~, 주어 w/c/s/m _____ ~ .

Ex1) If you <u>had said</u> sorry to her, she <u>would not be</u> angry now.

만약 네가 그녀에게 미안하다고 했었다면, 그녀는 지금 화나지 않을 텐데

Ex2) If I <u>had gone</u> to the party last night, I <u>would be tired</u> now.

만약 내가 어젯밤 파티에 갔었다면, 지금 피곤할 텐데

☐ ex1) If you _____ _____ _____ _____,
_____ _____ _____ _____. (meaningless)

만약 네가 태어나지 않았다면 내 삶은 무의미할 텐데

☐ ex2) _____ _____ _____ _____ _____,
_____ _____ _____ _____ _____.

만약 네가 아침을 먹었다면 지금 배고프지 않을 텐데

4 If 의 생략

☐ 가정법에서 if 를 생략하면 주어와 동사를 _____ 해요!

Ex1) If I were in your shoes, I would do it.

= <u>Were</u> I in your shoes, I would do it.

Ex2) If we had met, we could have had fun.

= <u>Had</u> <u>we</u> <u>met</u>, we could have had fun.

서술형 무감점을 위한 라이팅 스타트

wish를 활용한 가정법

형태	의미
주어 wish 주어 과거시제 or would 동·원	지금 바란다 지금 ~하기를
주어 wish 주어 had p.p or would have p.p	지금 바란다 과거에 ~했기를
주어 wished 주어 과거시제 or would 동·원	과거에 바랐다 과거에 ~했기를
주어 wished 주어 had p.p or would have p.p	과거에 바랐다 과거보다 더 이전에 ~했기를

✔ had p.p 또는 would have p.p는
바란 시점보다 한 시제 더 전이라는 것만 기억하면 편해요~

Ex1) I wish he liked me.
지금 나는 바란다 지금 그가 나를 좋아하기를

Ex2) I wish he had liked me.
지금 나는 바란다 과거에 그가 나를 좋아했기를

Ex3) I wished he liked me.
과거에 나는 바랬다 과거에 그가 나를 좋아했기를

Ex4) I wished he had liked me.
과거에 나는 바랬다 과거보다 더 이전에 그가 나를 좋아했었기를

☐ ex1) _____ _____ _____ _____ _____.
지금 나는 바란다 지금 내가 그녀이기를

☐ ex2) _____ _____ _____ _____ _____.
지금 그는 바란다 과거에 그녀가 행복했기를

6 as if를 활용한 가정법

형태	의미
주어 현재시제 as if 주어 과거시제	지금 ~한다 지금 마치 ~인 것처럼
주어 현재시제 as if 주어 had p.p	지금~한다 과거에 마치 ~했던 것처럼
주어 과거시제 as if 주어 과거시제	과거에 ~했다 과거에 마치 ~했던 것처럼
주어 과거시제 as if 주어 had p.p	과거에 ~했다 과거보다 더 이전에 마치 ~했었던 것처럼

✔ had p.p는 주절보다 한 시제 더 전이라는 것만 기억하면 편해요~

Ex1) He <u>swims</u> as if he <u>were</u> a fish.

지금 그는 수영한다 지금 마치 물고기인 것처럼

Ex2) He <u>swims</u> as if he <u>had been</u> a fish.

지금 그는 수영한다 과거에 마치 물고기였던 것처럼

Ex3) He <u>swam</u> as if he <u>were</u> a fish.

과거에 그는 수영했다 과거에 마치 물고기였던 것처럼

Ex4) He <u>swam</u> as if he <u>had been</u> a fish.

과거에 그는 수영했다 과거보다 더 이전에 마치 물고기였던 것처럼

□ ex1) ＿＿ ＿＿ ＿＿ ＿＿ ＿＿ ＿＿ ＿＿ ＿＿ .

지금 그는 말한다 지금 그가 마치 의사인 것처럼

□ ex2) ＿＿ ＿＿ ＿＿ ＿＿ ＿＿ ＿＿ ＿＿

＿＿ ＿＿ .

지금 그는 행동한다 과거에 마치 나를 만나지 않았던 것처럼

의미	표현
만약 ～ 가 없다면	Without ~, But for ~, If it were not for ~, Were it not for~,
만약 ～ 가 없었다면	Without ~, But for ~, If it had not been for ~, Had it not been for~,

Ex) Without air, we would not breathe.

= But for air,

= If it were not for air,

= Were it not for air,

□ ex) ＿＿＿ ＿＿＿ ＿＿＿, ＿＿＿ ＿＿＿ ＿＿＿ ＿＿＿.

=＿＿＿ ＿＿＿ ＿＿＿＿＿＿,

=＿＿ ＿＿ ＿＿ ＿＿ ＿＿ ＿＿ ＿＿ ＿＿,

=＿＿ ＿＿ ＿＿ ＿＿ ＿＿ ＿＿ ＿＿ ＿＿,

만약 너의 도움이 없었더라면, 나는 실패했을 것이다

PART 18

·

·

it의 역할

1 대명사 it

✓ 앞에 나온 내용(명사, 구 또는 절)을 지칭

Ex1) I like <u>to dance</u>. <u>It</u> keeps me fit.

Ex2) <u>I stayed up all night alone</u> and <u>it</u> was terrible.

2 비인칭 주어 it

✓ 상황, 시간, 날짜, 거리, 날씨, 기온, 명암 등을 말할 때 사용

Ex1) How is <u>it</u> going? [상황]

Ex2) <u>It</u> seems that you have changed. [상황]

Ex3) What time is <u>it</u> now? [시간]

Ex4) <u>It</u>'s April 1st. [날짜]

Ex5) How far is <u>it</u> from here to the bank? [거리]

Ex6) <u>It</u> snowed all day yesterday. [날씨]

Ex7) <u>It</u> is freezing outside. [기온]

Ex8) <u>It</u> is getting darker. [명암]

가주어 it

✓ 주어가 길 때 _____어 자리에 가주어 it을 쓰고
원래 주어를 문장 맨 _____로 보내요!

Ex1) To complete the project is impossible.

= It is impossible to complete the project.
그 프로젝트를 완성하는 것은 불가능하다

Ex2) If he will come or not is uncertain.

= It is uncertain if he will come or not.
그가 올지 말지는 불확실하다

□ ex1) That he is a liar is said.

= _____

_____.

그가 거짓말쟁이라는 것은 말해진다

(그는 거짓말쟁이라고 불린다)

□ ex2) How we should live matters.

= _____

_____.

어떻게 우리가 살아야 하는지는 중요하다

□ ex3) Crying over spilt milk is no good.

= _____

_____.

엎질러진 우유를 놓고 우는 것은 소용이 없다

4 가목적어 it

□ 목적어가 길 때 _____어 자리에 가목적어 it을 쓰고
원래 목적어를 문장 맨 _____로 보내요!

Ex1) I found <u>to solve the problem</u> hard.

= I found <u>it</u> hard <u>to solve the problem</u>.

나는 여겼다 그 문제를 푸는 것을 어렵게

Ex2) I thought <u>that she did not meet him</u> weird.

= I thought <u>it</u> weird <u>that she did not meet him</u>.

나는 생각했다 그녀가 그를 만나지 않은 것이 이상하다고

□ ex1) The rain made for her to go home impossible.

= _____

_____.

비는 만들었다 그녀가 집에 가는 것을 불가능하게

□ ex2) He finds to talk to girls difficult.

= _____

_____.

그는 여긴다 소녀들과 이야기하는 것을 어렵게

□ ex3) He made that he loved her clear.

= _____

_____.

그는 만들었다 그가 그녀를 좋아했다는 것을 명백하게

(그는 그가 그녀를 좋아했다는 것을 명백히 했다)

서술형 무감점을 위한 라이팅 스타트

"It is ~ that" 강조구문의 it

☑ 강조하고 싶은 내용을 It is와 that _____ 에 넣고
나머지를 뒤에 써요!

Ex1) Claire met Jenny yesterday.

   – [주어강조]　　<u>It was</u> Claire <u>that</u> met Jenny yesterday.

   　　　　　　　Jenny를 어제 만났던 것은 바로 Claire였다

   – [목적어강조] <u>It was</u> Jenny <u>that</u> Claire met yesterday.

   　　　　　　　Claire가 어제 만났던 것은 바로 Jenny였다

   – [부사어강조] <u>It was</u> yesterday <u>that</u> Claire met Jenny.

   　　　　　　　Claire가 Jenny를 만났던 것은 바로 어제였다

☐　ex1)　_____ _____ _____ _____ _____ _____

I lost my wallet.

내가 지갑을 잃어버렸던 것은 바로 공항에서였다

☐　ex2)　_____ _____ _____ _____ _____ _____

_____ _____ _____.

그녀가 그를 위해 샀던 것은 바로 그 책이었다

Point

＊ 시제에 따라서 is를 변형해야 하겠지요~?

＊ that대신 who, whom, which, when을 쓰기도 해요~

PART 19

비교 구문

☪ as A as B: B만큼 A하다

Ex) You can sing <u>as well as</u> I can.
　　너는 노래할 수 있다 나만큼 잘

　□ ex1)　She can write _____ _____ _____ she speaks. (fluently)
　　　　　그녀는 쓸 수 있다 그녀가 말하는 만큼 유창하게

　□ ex2)　_____ _____ _____ _____ _____
　　　　　_____ _____.
　　　　　파리는 아름답다 뉴욕만큼

☪ A의 비교급(~er/more~)than B: B보다 더 A하다

Ex) How you behave is <u>more important than</u> how you say.
　　네가 어떻게 행동하느냐가 더 중요하다 어떻게 말하느냐보다

　□ ex1)　The speed of light is _____ _____
　　　　　the speed of sound.
　　　　　빛의 속도는 더 빠르다 소리의 속도보다

　□ ex2)　_____ _____ _____ _____
　　　　　_____ _____ _____ _____. (main dish)
　　　　　그 디저트가 더 맛있었다 그 메인요리보다

☑ The 비교급 (주어 동사 ~), the 비교급 (주어 동사~):
~하면 할수록 더 ~하다

> Ex)   <u>The more</u> (you have), <u>the better</u> (it is).
>   많으면 많을수록 더 좋다

- ☐ ex1)   _____ _____ I run, _____

  _____ calories I burn.

  내가 더 빨리 달릴수록 나는 더 많은 칼로리를 태운다

- ☐ ex2)   _____ _____ _____ _____, _____

  _____ _____ _____ _____.

  네가 더 열심히 노력할수록 너는 더 많은 것을 배울 것이다

☑ 비교급 강조

much/even/still/far/a lot+비교급: 훨씬 더 ~한

> Ex)   The new train is <u>much faster</u> than the old one.
>   새 기차는 훨씬 더 빠르다 기존의 것보다

- ☐ ex1)   Fat free dairy products are _____

  _____ _____. (popular)

  무지방 유제품이 훨씬 더 인기 있다

- ☐ ex2)   _____ _____ _____ _____ _____

  _____ _____. (carefully)

  그는 운전한다 훨씬 더 조심스럽게 그녀보다

최상급

☾ the A의 최상급(~est/most~) in/of B: B 중 가장 A하다

> Ex) The fastest runner wins the race.
>
> 가장 빠른 선수가 이긴다 경기를

- □ ex1) What is _____ _____ film you've seen?

  가장 좋은 영화가 무엇이니 너가 본

- □ ex2) _____ _____ _____ _____ _____

  _____ _____. (Daegu, area)

  대구는 가장 더운 지역이다 한국에서

☾ one of the 최상급(~est/most~) 복수명사: 가장 ～한 것들 중 하나

> Ex) One of the most powerful things is reading.
>
> 가장 강력한 것들 중 하나는 독서이다
>
> * 전치사+명사수식어를 뺀 진짜 주어는 One이므로 is!

- □ ex1) Seoul is _____ _____ _____ _____ _____.

  서울은 가장 바쁜 도시들 중 하나이다

- □ ex2) _____ _____ _____ _____ _____

  _____ _____. (hardworking)

  그는 가장 열심히 공부하는 학생들 중 한 명이다

✓ 원급, 비교급을 활용해 최상급의 의미를 나타낼 수 있어요!

> Ex) America is <u>the most diverse country</u>.
>
> = <u>No (other) country</u> is <u>as diverse as</u> America.
>
> = <u>No (other) country</u> is <u>more diverse than</u> America.
>
> = America is <u>more diverse than any other country</u>.
>
> = America is <u>more diverse than all the other countries</u>.

□ 헷갈리는 비교급, 최상급 다시 한 번 확인해 보아요!

원급	비교급	최상급
good/well	_____	_____
bad/ill	_____	_____
few	_____	_____
little	_____	_____
many/much	_____	_____

PART 20

특수 구문

1 도치: 강조하고 싶은 내용을 문장 맨 _____에 쓰면 _____와 _____를 도치!

1-1 부정어·only

☑ 부정어나 only를 문장 맨 앞에 쓰면 _____문 어순으로 주어와 동사를 도치!

not, no, never, hardly/scarcely(거의~않는), rarely/seldom(드물게), few, little, only

---

Ex) He could hardly understand what I said.

→ <u>Hardly</u> <u>could he understand</u> what I said.

거의 그는 이해하지 못했다 내가 말한 것을

☐ ex1) We went to the opera only once.

→ Only once _____ _____ _____ to the opera.

오직 한 번 우리는 갔다 오페라 공연에

☐ ex2) I have never seen such a beautiful flower!

→ Never _____ _____ _____

_____ _____ _____!

한 번도 본 적이 없다 그렇게 아름다운 꽃을

방향·장소를 나타내는 부사구

☑ 방향·장소의 부사구를 문장 맨 앞에 쓰면 있는 그대로 주어와 동사를
도치!(의문문 어순X)

(＊ 주어가 대명사일 때에는 도치 안 해요~)

Ex1) A cat is under the table.

→ <u>Under the table is a cat.</u>

Ex2) We are here.

→ <u>Here we are.</u>

＊ we는 대명사여서 도치 안 함

▫ ex1) The river flows east.

→ East ＿＿＿＿ ＿＿＿＿＿ ＿＿＿＿.

동쪽으로 흐른다 그 강은

▫ ex2) A coffee shop is down the street.

→ Down the street ＿＿＿ ＿＿＿ ＿＿＿＿ ＿＿＿＿.

길 아래로 있다 커피숍이

보어

☑ 보어를 문장 맨 앞에 쓰면 있는 그대로 주어와 동사를 도치!(의문문 어순X)

(＊ 주어가 대명사일 때에는 도치 안 해요~)

Ex1) Its impact was so great.

→ <u>So great was its impact.</u>

Ex2) It was great

→ <u>Great it was.</u>

＊ it은 대명사여서 도치 안 함

- ex1) The documents are attached.

  → Attached _____ _____ _____.

  첨부되었다 그 문서들이

- ex2) To decrease the amount of waste would be more effective.

  → More effective _____ _____ _____

  _____ _____ _____ _____ _____.

  더 효과적일 것이다 쓰레기의 양을 줄이는 것이

- _____어는 문장 맨 앞에 써도 도치 안 해요~

1-4 So, neither, nor: '~도 그렇다'

✔ so, neither, nor를 사용하면 주어와 동사를 도치!
(조동사+주어 순으로)

동사의 형태	예시
조동사	So will I
be동사	So am I
have p.p	So have I
일반동사	So do I

- ex1) She will go there and so _____ _____.

  그녀는 오늘 거기에 갈 것이고 그도 그럴 것이다

- ex2) A: I haven't finished homework.

  B: Neither _____ _____.

  나도 그렇지 않다(나도 숙제를 못 끝냈다)

2 강조

2-1 동사 강조: do/does/did + 동사원형

Ex) He <u>needs</u> you. 그는 필요로 한다 너를

→ He <u>does need</u> you. 그는 정말 필요로 한다 너를

□ ex1) I hope you are well.

→ _____.

나는 정말 바란다 너가 잘 지내기를

□ ex2) I apologize for my late response.

→ _____.

나는 정말 사과드립니다 늦은 답변에

2-2 명사 강조

1) the very + 명사: '바로 그 (명사)'

Ex) She was ill on <u>the very</u> day of her wedding.

그녀는 아팠다 그녀의 결혼식 바로 그 날에

□ ex1) It is _____ _____ _____ that I wanted.

그것이 바로 그 것이다 내가 원했던

□ ex2) He is _____ _____ _____ _____ _____ _____.

그가 바로 그 사람이다 우리를 불렀던

2) 재귀대명사: '스스로 or 그 자체로'

myself, yourself, yourselves, himself, herself, itself, ourselves, themselves

> Ex) I can do it <u>myself</u>.
> 나는 그것을 할 수 있다 내 스스로

- □ ex1) She does not think that he will do it _____.
  그녀는 생각하지 않는다 그가 그것을 할 것이라고 스스로

- □ ex2) _____ _____ _____ _____ _____ _____
  _____, _____ _____ _____ _____ _____.
  그 뮤지컬 자체는 좋지 않았지만 나는 좋았다 그 배우가

③ 생략

3-1 반복을 피하기 위해 생략

> Ex) A stitch in time saves nine (stitches).
> 제때 한 번의 바느질은 아껴준다 아홉 번의 바느질

- □ ex1) The moon shines at night and the sun (_____) in the daytime.
  달은 빛난다 밤에 그리고 태양은 빛난다 낮에

- □ ex2) _____ _____ _____ _____ _____;
  _____ _____ (_____ _____) _____.
  그녀에게 사랑은 행복이다 나에게는 고통이다

주절의 주어와 부사절의 주어가 같을 때
부사절의 '주어+be동사'를 생략

Ex) While <u>he was</u> on a visit to Japan, <u>he</u> met many clients.
= While on a visit to Japan, ~ .
그가 일본에 방문한 동안, 그는 많은 고객들을 만났다

□ ex1) Spinach is delicious when (_____ _____) eaten raw.
시금치는 맛있다 날 것으로 먹어졌을 때(먹었을 때)

□ ex2) _____ _____ _____ _____
(_____ _____) _____ .
(quickly, turn sour, unless, refrigerated)
우유는 빨리 상한다 만약 냉장보관 되지 않으면

3-3 공통어구가 있을 때 생략

Ex) <u>My father</u> watched TV and <u>my father</u> used his cell phone.
→ My father watched TV and used his cell phone.

□ ex) He felt pleased and looked pleased.
→ He _____ _____ _____ _____ .
그는 즐겁게 느꼈고 즐거워 보였다

4 삽입: 구나 절이 문장 중간에 삽입 됨

✓ 콤마(,) 또는 대시(–)가 쓰일 때도 있고 안 쓰일 때도 있어요~

Ex1) Mr. Johnson, <u>I believe</u>, is a faithful friend.
Johnson은, 내가 믿는 바로는, 충실한 친구이다

Ex2) His opinion, <u>it seems to me</u>, is worth considering.
그의 의견은, 내게 보이기로는, 고려할 가치가 있다

Ex3) He is, <u>so to speak</u>, a walking dictionary.
그는, 말하자면, 걸어 다니는 사전이다

Ex4) I'd like some extra help, <u>if possible</u>.
추가적인 도움을 원합니다, 만약 가능하다면

Ex5) Who do you think he is?
누구니 네가 생각하기에 그는

5 동격: 명사를 보충 설명

5-1 동격의 접속사 that을 활용

news, rumor, fact, thought, idea, opinion, belief, hope, question 등

Ex) <u>The news that he could recover</u> surprised me.

* 'that~'이 the news를 보충 설명!

뉴스는 그가 회복할 수 있다는 놀라게 했다 나를

□ ex1) The rumor _____ _____ _____ _____ was untrue.

소문은 그녀가 해고되었다는 진실이 아니다

□ ex2) I agree with your opinion _____ _____ _____ _____

_____ _____.

나는 동의한다 너의 의견에 우리가 더 많이 말할 필요가 있다는

□ ex3) ___ ___ _____ _____ _____ _____ ___ ___

_____ _____ _____. (confidence, on my own)

나는 갖고 있다 자신감을 내가 그것을 할 수 있다는 스스로

□ ex4) _____ _____ _____ _____ _____ _____

_____ ____ ____. (annoy, boss)

사실은 그녀가 다시 늦었다는 화나게 했다 그녀의 상사를

□ ex5) ___ ___ _____ _____ _____ _____ _____ _____

____ _____. (arrogant)

믿음은 그녀가 예쁘다는 만들었다 그녀를 오만하게

5-2   콤마(,)를 활용

Ex) James, <u>my favorite player</u>, was excellent in the game.

James는, 내가 가장 좋아하는 선수인, 훌륭했다 그 게임에서

□ ex) Van Gogh attacked _____ _____, Gauguin.

Van Gogh는 공격했다 그의 친구인 Gauguin을

Ex1) This raises <u>the question</u> <u>of</u> <u>whether we are handling</u>
      <u>the problem properly</u>.
      이것은 제기한다 의문을 우리가 그 문제에 적절히 대처하고 있는지

Ex2) <u>The news</u> <u>of</u> <u>the accident</u> made him speechless.
      그 소식은 사고의 만들었다 그를 말이 없도록

Ex3) I am planning a trip to <u>the windy city of</u> <u>Chicago</u>.
      나는 여행을 계획하고 있다 바람의 도시인 시카고로

6 전체·부분 부정

6-1 전체 부정: 뜻)_____

no, never, not any, nobody, none 등

Ex) <u>No</u> students could answer the question.
     어떤 학생도 그 질문에 답할 수 없었다

not+all/always/every/necessarily 등

Ex) Tasty food is <u>not always</u> good for our health.
     맛있는 요리가 항상 건강에 좋은 것은 아니다

☐ ex1) I don't agree with _____ .
         나는 어떤 것에도 동의하지 않는다

☐ ex2) I don't agree with _____ .
         나는 모든 것에 동의하지는 않는다

☐ ex3) _____ is wearing hats.
         그 누구도 모자를 쓰고 있지 않다

☐ ex4) ____ ____ ____ ____ are wearing hats.
         모든 학생들이 모자를 쓰고 있는 것은 아니다

☐ ex5) ____ ____ ____ ____ ____ ____ .
         너는 모두를 아는 것은 아니다

☐ ex6) ____ ____ ____ ____ ____ ____ .
         너는 모두를 알지 못 한다

부록

정답

[p10] ☑ 영어의 품사 → ~사자로 끝나요
- 명사 ex) apple, Susan, love, he, truth…
- 동사 ex) run, believe, is, consider, ask…
- 형용사 ex) cute, long, warm, kind, easy…
- 부사 ex) fast, very, happily, much, so…
- 관사 ex) a, an, the
- 전치사 ex) in, at, for, to, by, about…
- 접속사 ex) that, if, whether, when(~할 때),
                while, since, after, because…

☑ 문장성분 → ~어자로 끝나요
- 주어(S): ~은, 는, 이, 가
- 서술어(V): ~다
- 목적어(O): ~을, 를
- 직접목적어(DO): ~을, 를
- 간접목적어(IO): ~에게
- 보어(C): 딱히 뜻이 없어요~ 보충해 주는 말로 알아두세요!
- 형용사적 수식어(M): ~ㄴ('ㄴ'받침), ~의
- 부사적 수식어(M): ~이, 히, 리, 게, 우, 구, 추

[p11] ☑ 품사: 그 단어가 독립적으로 가진 성질(~사자로 끝남)

☑ 문장성분: 그 단어가 문장에서 하는 역할(~어자로 끝남)

  ✓ 각 품사가 어떤 문장 성분으로 쓰일까요?
  - 명사는 문장에서 주어, 목적어, 보어 역할
  - 동사는 문장에서 서술어 역할
  - 형용사는 문장에서 보어 역할 or 명사를 수식
  - 부사는 문장에서 명사 빼고 동사, 형용사, 부사, 문장을 수식

[p14]

1. 1형식: 주어(S)+동사(V)

ex1) The Sun rises.

ex2) He suddenly disappeared.

ex3) I tried really hard.

☑ 다음 동사 중 1형식 동사에만 ○표를 해 보아요~

go, live, occur, come, smile, work

[p15]

2. 2형식: 주어(S)+동사(V)+<u>보어(C)</u>

ex1) I am smart.

ex2) He became taller. / He got taller.

☑ 대표적인 2형식 동사에는 이런 것들이 있어요~

1) <u>be</u>

2) <u>become</u>

3) <u>지각동사, 감각동사</u>

4) <u>seem</u>

✓ 오호라~ 보어에는 <u>명사</u>와 <u>형용사</u>만 오는군요! (부사는 오지 않아요.)

[p16]

3. 3형식: 주어(S)+동사(V)+<u>목적어(O)</u>

ex1) I love you.

ex2) You play the piano very well.

ex3) I have a plan.

☑ 다음 동사 중 3형식 동사에만 ○표를 해 보아요~

like, study, see, respect, believe, make

[p17]

4. 4형식: 주어(S)+동사(V)+<u>간접목적어(IO)</u>+<u>직접목적어(DO)</u>

ex1) I gave her flowers.

ex2) They bought me a gift.

ex3) Tell me the truth.

☑️ 다음 동사 중 4형식 동사에만 ○표를 해 보아요~

send, make, show, tell, give

[p18]

5. 5형식: 주어(S)+동사(V)+<u>목적어(O)</u>+<u>목적격보어(OC)</u>

ex1) I made the baby cry.

ex2) They call us students.

ex3) Keep it a secret.

☑️ 대표적인 5형식 동사에는 이런 것들이 있어요~
1) <u>사역동사</u>
2) <u>지각동사</u>
3) 일반적인 5형식 동사

PART 3 수의 일치

[p22]

☑️ 다음만 기억하면 문제 없어요!
1. I, You, We, They는 S를 <u>싫어한다</u>.

<u>am, are</u>

<u>do</u>

<u>have</u>

<u>일반동사</u>

ex) <u>like</u>

2. He, She, It은 S를 <u>좋아한다</u>.

<u>is</u>

<u>does</u>

<u>has</u>

<u>일반동사s</u>

ex) <u>likes</u>

ex1) The Sun rises.

ex2) Teachers call us students.

[p26] 1. 단순형

    1-1. 현재시제

        ex1) I am happy.

        ex2) The restaurant closes at 10pm.

        ex3) The Earth is round.

        ex4) The plane arrives at 6am.

[p27]   1-2. 과거시제

        ex1) My dog watched TV today.

        ex2) I lost my passport at the airport.

    1-3. 미래시제

        ex)   I will visit you soon.

[p28] 2. 진행형

    2-1. 진행형의 형태: be + ~ing

현재 진행형	am / are / is + ~ing
과거 진행형	was / were + ~ing
미래 진행형	will be + ~ing

    2-2. 진행형의 의미: ~하고 있다

        ex1) I am doing my homework.

        ex2) Cindy is meeting John today.

        ex3) They were having dinner.

        ex4) I will be playing soccer then.

[p29] 3. 완료형

    ☑ 완료형의 형태: have + p.p

현재 완료	have / has + p.p
과거 완료	had + p.p
미래 완료	will have + p.p

3-1. 현재완료의 의미

1) 경험: ~해 본 적이 있다
2) 계속: (과거부터 지금까지 계속) ~ 해 왔다
3) 완료: ~를 (완료)했다
4) 결과: ~해 버렸다(그 결과가 의미 있을 때)

    ex1) She has been to LA.

    ex2) I have studied English for three years.

    ex3) You have changed so much.

    ex4) I have lost my key.

[p30]

3-2. 과거완료의 의미

1) (과거보다 더 전에) ~했었다
2) (과거보다 더 전부터 과거 사이에) ~해왔었다

    ex1) I had not closed the window before I left home.

    ex2) had exercised

3-3. 미래 완료의 의미:

(미래에 그때가 되면)~를 완료했을 것이다

    ex1) will have arrived

    ex2) will have solved

PART 5   수동태

[p34]

1. 수동태의 형태와 의미

	형태	의미
수동태	be + p.p	~되다, 해지다
현재 수동태	am / are / is + p.p	~되다, 해지다
과거 수동태	was / were + p.p	~되었다, 해졌다
조동사 수동태	조동사 + be + p.p	조동사 뜻에 따라 다양

2. 3형식 능동태 문장을 수동태로 바꾸는 방법!

Step1) 목적어를 주어 자리에 쓴다.

Step2)   동사를 be+p.p 형태로 쓴다.

Step3)   전치사 by+주어를 쓴다.

    ex1)   The cat is chased by the dog.

    ex2)   The fax was sent by Tom.

[p35] 3.   4형식 능동태 문장을 수동태로 바꿀 때에는 <u>간접목적어나 직접목적</u><u>어 둘 중 하나를 주어로!</u>

    ex1)   1) I was told the secret by her.

            2) The secret was told to me by her.

    ex2)   A nice dress was bought for me by him.

[p36] 4.   5형식 능동태 문장을 수동태로 바꿀 때에는 목적격 보어(OC)가

    1) 형용사 / to부정사 / ~ing이면 <u>그대로</u> 쓴다.

    2) 동사이면 <u>to부정사</u>로 고쳐서 쓴다.

      ex1)   She was made happy by his words.

      ex2)   Someone was heard to sing by me.

[p37] 5.   전치사 by 대신 다른 전치사를 쓰는 수동태들

표현	의미
be interested <u>in</u>~	~에 흥미가 있다
be satisfied <u>with</u>~	~에 만족하다
be filled <u>with</u>~	~로 채워져 있다
be covered <u>with</u>~	~로 덮어져 있다

      ex1)   I am interested in many things.

      ex2)   The mountain is covered with snow.

6.   그 밖의 다양한 수동태

    1) 현재 진행 수동태: are / are / is being p.p ~되고 있다

    2) 과거 진행 수동태: <u>was</u> / <u>were</u> being p.p ~되고 있었다

[p38]   3) 현재 완료 수동태: <u>have</u> / <u>has</u> been p.p 4가지 뜻

    4) 과거 완료 수동태

      - 형태: <u>had</u> <u>been</u> p.p

      - 의미: (과거보다 더 전에) ~되었었다,

               (과거보다 저 전부터 과거까지) ~되어 왔었다

5) 미래 완료 수동태
  - 형태: will have been p.p
  - 의미: (미래에 그 때가 되면) ~되어 있을 것이다
      ex1) He is being chased by someone.
      ex2) The dish has been broken by me.
      ex3) The project will have been completed before the
            deadline.

PART 6   조동사

[p42] 1. can
  1) ~할 수 있다
  2) ~해도 된다
  3) ~해도 될까요?
  4) (부정문에서) ~일 리가 없다

  2. could
  1) ~할 수 있었다
  2) ~해도 될까요?
  3) (제안) ~해 볼 수 있다
  4) (약한 추측) ~일지도 모른다
  5) (부정문에서) ~일 리가 없다

  ☑ can과 could가 '~할 수 있다'는 의미일 때에는
     can 은 am / are / is able to로,
     could는 was / were able to로 바꿔 쓸 수 있어요.

[p43] 3. may
  1) ~해도 될까요?
  2) ~해도 된다
  3) (약한 추측) ~일지도 모른다

4. might
    1) (약한 추측) ~일지도 모른다
    2) (제안) ~해 볼 수 있다
    3) ~해도 될까요?

5. will
    1) (강한 추측) ~일 것이다
    2) 기꺼이 ~할 것이다
    3) ~해주시겠습니까?

[p44] 6. be going to
    1) (강한 추측) ~일 것이다
    2) (의지) ~할 것이다

7. would
    1) (중간 정도의 추측) ~일 것이다
    2) (의지) ~할 것이다
    3) ~해주시겠습니까?
    ☑ - would: (과거에) ~하곤 했다
        - used to: (지금은 아니지만 과거에는 규칙적으로)
                            ~하곤 했다, ~했었다

[p45] 8. must
    1) ~해야한다
    2) (부정문에서) ~하면 안 된다
    3) (강한 추측) ~임에 틀림없다

9. have to
    1) ~해야한다
    2) ~할 필요가 없다

10. should
    1) ~해야한다
    2) (강한 추측) ~일 것이다

11. ought to
   1) ~해야한다
   2) (강한 추측) ~일 것이다

[p46]
12. had better: 꼭 ~해야 한다
                (안 그러면 나쁜 결과가 온다)

13. be supposed to~: ~하기로 되어있다
   ex1) He can't/couldn't be right.
   ex2) She must be single.
   ex3) You may/can sit down.
   ex4) You don't have to call her.
   ex5) You must not/should not throw waste.
[p47]
   ex6) You had better put on this coat. /
         You had better put this coat on.
   ex7) I was supposed to do it.
   ex8) We have to/ought to hurry.
   ex9) She used to live in the States.
   ex10) I would visit my parents on Christmas.
   ex11) He might/may/could cry.
   ex12) I will win the game.
   ex13) It would be easy.

[p48]
14. 조동사 have p.p
   1) 어쩌면 ~했을 지도 모른다
   2) ~했을 지도 모른다
   3) ~했을 수도 있었는데 (안 했다, 못 했다)
   4) ~했을 것인데 (못 했다)
   5) ~했음이 틀림없다
   6) ~했을 리가 없다
   7) ~했어야 했는데 (안 했다)
   8) ~했었어야 했는데 (안 했다)
   9) ~할 필요가 없었는데 (했다)

[p49]

ex1) I should have finished it.

ex2) He could have helped her.

ex3) She must have been angry.

ex4) They may/might have lied to you.

ex5) he would have come to the party.

ex6) He can't have done it yet.

ex7) We need not have waited for them.

ex8) I ought to have left earlier.

[p50]

☑️ 조동사 뒤에는 동사를 <u>원형</u>으로 써야 해요.

ex1) speaks → speak

ex2) called → call

ex3) met → meet

ex4) has → have

ex5) am → be

ex6) has → have

PART 7   의문문, 부정문

[p54]

1. 의문문 만들기

동사 형태	방법
1) be동사가 있을 때	<u>be</u> 동사를 문장 맨 앞으로
2) have p.p.일 때	<u>have</u> 동사를 문장 맨 앞으로
3) 조동사가 있을 때	<u>조</u> 동사를 문장 맨 앞으로
4) 일반동사일 때	<u>do</u> 동사를 문장 맨 앞에 추가 (이 때의 do는 조동사 → 뒤에 동사는 <u>원형</u> 으로)

☑️ - 의문사가 있을 때에는 <u>의문사</u>를 문장 맨 앞에 적은 후 위 방법대로!

ex1) Are you a student?

ex2) Is he having trouble with his car?

ex3) Has he done great things?

ex4) Could you have done it better?

[p55]

ex5) Does he like you?

ex6) Did you envy me?

ex7) What is the problem?

ex8) Where have you been?

ex9) What can I do now?

ex10) When did they arrive?

ex11) Whose book did you borrow?

ex12) How often do you read?

[p56]

2. 부정문 만들기

동사 형태	방법
1) be동사가 있을 때	be동사 뒤에 부정어
2) have p.p일 때	have동사 뒤에 부정어
3) 조동사가 있을 때	조동사 뒤에 부정어
4) 일반동사일 때	do동사 뒤에 부정어 추가 (이 때의 do는 조동사 → 뒤에 동사는 원형으로)

ex1) You are not a student.

ex2) He is not having trouble with his car.

ex3) He has not done great things.

ex4) You could not have done it better.

ex5) He does not like you.

ex6) You did not envy me.

PART 8   명사

[p60]

✓ 명사를 쓸 때 항상 주의할 점
 → 가산명사(셀 수 있는 명사)인지 불가산명사(셀 수 없는 명사)인지 확인!

1. 셀 수 있는 명사일 때에는

1) 명사 앞에
 a/an, the, 소유격 (ex)Tom's, his) 또는 복수형을 써야 함!

2. 셀 수 없는 명사일 때에는
   1) 명사 앞에
      1-1) a, an: 쓸 수 ✕
      1-2) the: 특정한 것을 나타낼 때 쓸 수 ○
      1-3) 소유격: 사용을 원하면 쓸 수 ○
      1-4) 복수형: 쓸 수 ✕

[p61]

3. 셀 수 있는 명사
   1) 보통명사
   2) 집합명사

4. 셀 수 없는 명사
   1) 고유명사
   2) 물질명사
   3) 추상명사

[p62]

☑ 다음 중 셀 수 있는 명사에만 ○표를 해 보아요~

chair, office, exam, sentence, bicycle, park, letter, ball, egg, chicken, bottle

PART 9　관사

[p66]

1. 부정관사(a/an)를 쓰는 경우
   1) '세상 수 많은 것들 중 불특정한 하나'를 의미할 때
   2) '하나'를 의미할 때
   3) 한 종류, 종족의 대표

2. 정관사(the)를 쓰는 경우
   1) '특정한 그것'을 의미할 때
   2) 종류, 종족의 전체

[p67]

   3) 세상에 하나뿐일 때
   4) 구 또는 절로 수식을 받아서 특정한 것일 때

5) 최상급, 서수(ex) first, second), next, only, same, very('바로 그'의 의미)와 함께 쓰일 때

6) 'the+형용사'로 '(형용사)한 사람들'을 의미할 때

✓ 다음 중 잘못된 부분이 있다면 고쳐보아요~

ex1) a good advice → good advice

(advice는 추상명사로 셀수 없음)

ex2) Is a car blue? → Is the car blue?

(앞에 나온 특정한 그 차를 가리킴)

ex3) × (잘못된 부분 없음, moon은 세상에 하나)

ex4) book → the book

(book은 셀 수 있는 명사이고 뒤에 'on the table'이라는 구로 수식
받음)

ex5) best day → the best day (best가 최상급)

ex6) A curiosity → Curiosity

(curiosity는 추상명사로 셀 수 없음)

ex7) × (잘못된 부분 없음, The dolphin으로 종류, 종족의 전체를 가리킴)

ex8) a little dollars → a few dollars

(dollar는 셀 수 있어서 복수형이 가능하고 셀 수 있는 명사에는 a
little이 아니라 a few를 씀)

ex9) the Rome → Rome

(Rome은 고유명사인데 고유명사 앞에는 아무것도 쓰면 안 됨)

ex10) hat → a hat/the hat/his hat/hats

(hat은 셀 수 있는 명사, 단, the hat일 때에는 어떤 특정한 모자를
가리키는지 알 수 있는 상황이어야 함)

ex11) × (잘못된 부분 없음, problem은 셀 수 있는 명사, life는 삶이라
는 의미일 때 셀 수 없는 명사)

ex12) new phone → a new phone / new phones

(phone은 셀 수 있는 명사)

ex13) pair of shoes → a pair of shoes /
two pairs of shoes (pair은 셀 수 있는 명사)

ex14) movie → a movie / the movie /
her movie / movies

(movie는 셀 수 있는 명사, 단, the movie일 때는 어떤 특정한 영화
를 가리키는지 알 수 있는 상황이어야 함)

ex15) a girl → the girl

(I told you about이라는 절의 수식을 받고 있음)

ex16) × (잘못된 부분 없음, Spanish는 고유명사)

ex17) a bread → bread / little bread /

a little bread / some bread /

a piece of bread

(bread는 물질명사로 셀 수 없음)

[p69]

ex18) new TV set → a new TV set (set은 셀 수 있는 명사)

ex19) nice girl → a nice girl (girl은 셀 수 있는 명사)

ex20) × (잘못된 부분 없음, love는 추상명사로 셀 수 없음)

ex21) umbrella → an umbrella (umbrella는 셀 수 있는 명사)

ex22) Apple → An apple (apple은 셀 수 있는 명사이고 '하나'라는 의미 필요)

ex23) × (잘못된 부분 없음, milk는 물질명사로 셀 수 없음)

ex24) A few knowledge → A little knowledge (knowledge는 셀 수 없
는 명사)

ex25) × (잘못된 부분 없음, same 앞에는 the 붙임, school은 셀 수 있
는 명사이나 'go to bed 잠자러 가다, go to church 교회에 가다, at
school 수업 중에, at table 식사 중에, in hospital 입원 중에'와 같
이 본래의 목적으로 쓰이는 경우 the를 생략함)

ex26) × (잘못된 부분 없음, same 앞에 the 붙임, family는 집합명사로
셀 수 있는 명사)

ex27) A music → music (music은 셀 수 없는 명사)

ex28) a paper → paper/a piece of paper/

some paper/two sheets of paper

(paper는 물질명사로 셀 수 없음)

ex29) × (잘못된 부분 없음, dress는 셀 수 있는 명사)

ex30) many cheese → much cheese / plenty of cheese / a lot of cheese
/ lots of cheese

(cheese는 물질명사로 셀 수 없음)

[p70]

☑ few, little의 의미와 쓰임을 기억해요~

	거의 없는	약간은 있는
셀 수 있는 명사 앞에는	few	a few
셀 수 없는 명사 앞에는	little	a little

[p74] ☑ 전치사 뒤에는 항상 명사가 오고,
전치사 뒤의 명사는 항상 목적격으로 쓴다는 것을 기억해요!
(*Hint for him이 맞아요.)

1. 시간을 나타내는 전치사
   - at: 비교적 짧은 시간
   - on: 요일, 날짜, 특정한 날의 아침·오후·저녁
   - in: 비교적 긴 기간, 하루의 일부
   - for: [~동안] 지속 기간을 나타내는 말과 함께 쓰임
   - during: [~동안] 특정 기간을 나타내는 말과 함께 쓰임
   - from; [~부터] 시작 지점만 나타냄
   - since: [~부터] 시작시점부터 현재까지 계속

[p75]
   - by: [~까지] 해당 시점까지 또는 그 전에 완료되면 됨
   - until: [~까지] 해당 시점까지 계속됨
   - before: [~전에] + 시간/일에 관련된 표현 모두 가능
   - after: [~후에] + 시간/일에 관련된 표현 모두 가능

☑ 보기에서 빈칸에 들어갈 적절한 전치사를 골라 적어보아요~
   ex1) in
   ex2) until
[p76]
   ex3) after
   ex4) during
   ex5) on
   ex6) since
   ex7) by
   ex8) at
   ex9) before
   ex10) for
   ex11) from

[p77]

2. 장소를 나타내는 전치사
- at: [~에서] 작은 지점, 큰 장소 모두 표현
- in: [~안에] 비교적 넓은 구역
- on: [~위에] 표면 위에 닿아있을 때
- over: [~위에] 덮을 때 or 약간 떨어져 있을 때
- under: [~아래에]
- above: [~보다 위에]
- below: [~보다 아래에]
- in front of: [~앞에]

[p78]

- before: [~보다 앞에]
- behind: [~뒤에]
- between: [~사이에]
- among: [~중에, ~에 둘러싸여] 셋 이상일 때
- around: [~주위에]
- by: [~옆에] 비교적 가까이에
- beside: [~옆에] 바로 옆에
- next to: [~다음에]
- across: [~를 가로질러]

[p79]

- along: [~를 따라서]
- to: [~쪽으로]
- toward: [~를 향하여]
- into: [~안으로]
- onto: [~위로]
- out of: [~밖으로]
- through: [~를 관통하여]
- off: [~에서 떨어져서]

[p80]

☑ 보기에서 빈칸에 들어갈 적절한 전치사를 골라 적어보아요~

ex1) above

ex2) at

ex3) through

ex4) out of

ex5) along

ex6) beside

ex7) across

ex8) onto

ex9) on

ex10) off

ex11) below

ex12) toward

ex13) by

ex14) between

3. 이외의 전치사

- by: [~로, ~함으로써, ~에 의해]
- in: [~후에, ~로, ~에 있어서]
- with: [~와 함께, ~를 가지고]
- for: [~를 위해, ~때문에, ~가]
- from: [~로부터, ~때문에]
- as: [~처럼, ~로서]

- on: [~에 대한]
- of: [~의]
- besides: [~이외에]
- in addition to: [~이외에]
- against: [~에 반대하는]
- ~에 찬성하는: for, with
- ~ 때문에: because of, due to, thanks to, owing to, on account of
- ~를 고려해 볼 때: given, considering
- ~의 측면에서: in terms of, in relation with, in respect of, on the basis of

- ~에 대한: regarding, concerning, with respect to, with regard to, with reference to
- ~에 대해 말하자면, ~의 경우에는: when it comes to, speaking of, on the matter of, in relation to, as for, as to
- ~를 제외하고: except (for), apart from, aside from, but
- ~가 없다면: without, but for

[p85] ☑️ 보기에서 빈칸에 들어갈 적절한 전치사를 골라 적어보아요~

ex1) in terms of

ex2) As for

ex3) as

ex4) for

ex5) without

ex6) regarding

[p86] ex7) due to

ex8) by

ex9) of

ex10) When it comes to

ex11) in

ex12) but

ex13) on

ex14) Given

PART 11 구 - to 부정사

[p90] ☑️ 영문법에서는 3가지를 "구"라고 불러요!

1) to 부정사

2) ~ing

3) 전치사 + 명사

☑️ to 부정사의 뜻 3가지는 무엇일까요? (꼭 외우기!)

1) ~하는 것

→ 뜻이 '~것'으로 끝나면 품사가 명사예요!

   to 부정사가 '~하는 것'으로 해석되면 '명사구' 또는

   'to부정사의 명사적 용법' 이라고 해요!

2) ~하는, ~할

→ 뜻이 '~ㄴ 또는 ㄹ 받침'으로 끝나면 품사가 형용사예요!

   to 부정사가 '~하는, ~할'로 해석되면 '형용사구' 또는

   'to 부정사의 형용사적 용법'이라고 해요!

3) ~하기 위해서 (다른 뜻도 많아요)

　　→ 뜻이 다양하게 끝나면 품사가 부사예요!

　　　to 부정사가 다양한 뜻으로 해석되면 '부사구' 또는

　　　'to 부정사의 부사적 용법'이라고 해요!

[p91]　　1.　to 부정사가 '~하는 것'으로 해석될 때

　　　→ 명사구 (= to 부정사의 명사적 용법)

　　　→ 문장에서 주어, 목적어, 보어 역할

　　　1-1. to 부정사가 명사구로 주어 역할을 하는 경우

　　　　　ex1) To make cake

　　　　　ex2) To walk along the beach

　　　　　ex3) To give up

　　　　　ex4) To go abroad is fun.

　　　　　ex5) To hide your feelings is not good.

　　　　　　　(주어는 너의 감정들을 숨기는 것으로 대명사로 바꾸면 'it'이
기 때문에 3인칭 단수 동사로 's'를 좋아하여 'is'를 써요)

[p92]　　　1-2. to 부정사가 명사구로 목적어 역할을 하는 경우

　　　　　ex1) to see him

　　　　　ex2) to bring his umbrella

　　　　　ex3) to lose weight

　　　　　ex4) She began to tell us the story.

　　　　　ex5) Don't forget to go to the bank.

　　　1-3. to 부정사가 명사구로 보어 역할을 하는 경우

　　　　　ex1) to quit smoking

　　　　　ex2) to go there

[p93]　　　　　ex3) To see is to believe.

　　　　　ex4) My goal is to be an engineer.

　　　　　ex5) I asked her to call me.

　　2.　to 부정사가 '~하는, ~할'로 해석될 때

　　　→ 형용사구 (= to 부정사의 형용사적 용법)

→ 문장에서 보어 역할 또는 명사를 수식

2-1. to 부정사가 형용사구로 보어 역할을 하는 경우

☑️ 'be동사 to 부정사~'의 여러 의미

1) ~할 예정이다
2) ~해야 한다
3) ~할 운명이다
4) ~할 수 있다
5) ~하고자 한다

[p94]

ex1) to remain friends

ex2) You are to follow this rule.

ex3) We are to meet here tomorrow.

2-2. to 부정사가 형용사구로 명사를 수식하는 경우

ex1) to read

ex2) to talk with

ex3) I need a chair to sit on.

ex4) It is time to study English.

[p95]

ex5) Can you give me something to drink?

3. to 부정사가 다양한 뜻으로 해석될 때

→ 부사구 (= to 부정사의 부사적 용법)

→ 문장에서 동사, 형용사, 부사 또는 문장을 수식

☑️ to 부정사 부사적 용법의 여러 의미

1) ~하기 위해서
2) ~하기에
3) ~하는 것을 보니 ~하다 (판단)
4) ~(뒤)해서 ~(앞)하다
5) ~(앞)해서 그 결과 ~(뒤)하다

ex1) to eat

ex2) to hear the news

[p96]

ex3) to have such good friends

ex4) He lived to be 100.

ex5) I bought eggs to make bread.

☑ to 부정사의 주체(의미상의 주어)를 나타내고 싶을 때에는 "for+목적격"으로 쓰면 되요!

    ex1) for me to do it

    ex2) For him to read the book

PART 12   구 - ~ing

[p100]

☑ ~ing의 뜻 3가지는 무엇일까요? (꼭 외우기!)

  1) <u>~하는 것</u> → ~ing가 '<u>~하는 것</u>'으로 해석되면
                            '<u>명사구</u>' 또는 '<u>동명사</u>'라고 해요!

  2) <u>~하고 있는</u> → ~ing가 '<u>~하고 있는</u>'으로 해석되면
                            '<u>형용사구</u>' 또는 '<u>현재분사</u>'라고 해요!

  3) <u>~하면서</u> → ~ing가 '<u>~하면서</u>'로 해석되면
                            '<u>부사구</u>' 또는 '<u>분사구문</u>'이에요!

1. ~ing가 '~하는 것'으로 해석될 때

  → 명사구 (= <u>동명사</u>)

  → 문장에서 <u>주어</u>, <u>목적어</u>, <u>보어</u> 역할

1-1. ~ing가 명사구(동명사)로 주어 역할을 하는 경우

    ex1) Walking

[p101]

    ex2) Making new friends

    ex3) Drinking water is good for health.

1-2. ~ing가 명사구(동명사)로 목적어 역할을 하는 경우

    ex1) looking around

    ex2) losing weight

    ex3) I like listening to music.

    ex4) I am interested in learning a new language.

[p102]

1-3. ~ing가 명사구(동명사)로 보어 역할을 하는 경우

    ex1) collecting

    ex2) His goal is driving the car.

ex3) My job is helping people find their jobs.

1-4. ~ing가 '~하기 위한'의 의미일 때도 있어요!

ex1) frying pan

ex2) I use a sleeping bag.

[p103]

2. ~ing가 '~하고 있는'으로 해석될 때
→ 형용사구 (=현재분사)
→ 문장에서 보어 역할 또는 명사를 수식

2-1. ~ing가 형용사구로 보어 역할을 하는 경우

ex1) annoying

ex2) appealing

ex3) The conclusion of the story is shocking.

ex4) I heard him playing the violin.

[p104]

2-2. ~ing가 형용사구로 명사를 수식하는 경우

ex1) sleeping

ex2) sitting

ex3) Do you know the girl singing on the bench?

ex4) The dancing couple look happy.

(couple, family, audience, class, team, crowd와 같은 집합
명사들은 전체 단위를 가리킬 때에는 단수, 각 구성원을 가
리킬 때에는 복수 취급을 해요. 여기에서는 커플 두 사람을
말하니까 주어를 they라고 생각해서 look을 사용해요.)

[p105]

3. ~ing가 '~하면서'로 해석될 때
→ 부사구 (= 분사구문)
→ 문장을 수식

☑ 분사구문 만드는 법: 부사절을 부사구로 바꾸기

[p106]

☑ 다음 문장에서 부사절을 분사구문으로 바꿔 보아요~

ex1) (Since) Having much money, he could buy the watch.

ex2) (If) Turning to the right, you will see the restaurant.

ex3) She hummed her favorite song, (while) taking a shower.

ex4) (While) (Being) Walking on the street, she met him.

ex5) (When) I walking onto the stage, my heart beat faster.

[p107] ☑ 부사구(분사구문)를 활용하여 영작해보아요~

ex1) Knowing

ex2) (Being) Sick / (Because) Sick / (Since) Sick / (As) Sick

ex3) (Being) Asked / (Because) Asked / (Since) Asked / (As) Asked

ex4) She studied, listening to music.

ex5) Getting up late, I was late for school.

[p108] ☑ ~ing(동명사)의 주체(의미상의 주어)를 나타내고 싶을 때에는 ~ing 앞에 "소유격 (or 목적격)"으로 쓰면 돼요!

ex1) his buying

ex2) your making it

PART 13 절

[p112] – 절이란 곧 문장을 말합니다!

– 주절은 주된 문장(=큰 문장), 종속절은 종속된 문장(=작은 문장)을 의미해요!

- ex) I know that you do your best.에서

주절은 I know that you do your best이고

종속절은 that you do your best예요!

✔ 앗, 그런데! 종속절이 주어인 you부터가 아니라 that부터이네요~? 종속절은 주어 동사가 바로 오지 않고 맨 앞에 반드시 ~사로 끝나는 것들 중 하나가 와야 해서 그래요!!

[p113] ☑ 종속절을 만들어 주는 ~사로 끝나는 것들 4가지

1. 접속사1: that(~것), if / whether(~인지)

→ '~것, ~인지'라는 뜻으로 명사절을 만들어 주어, 목적어, 보어 역할을 하게 해줘요~

2. 의문사 (의문문 만들 때 사용하는 것들):
   wh<u>o</u>(누가), wh<u>e</u>n(언제), wh<u>e</u>re(어디에서), wh<u>a</u>t(무엇을),
   h<u>o</u>w(어떻게), wh<u>y</u>(왜), wh<u>i</u>ch+명사(어느 무엇 ex) which
   color)
   → '~인지'라는 뜻으로 <u>명사절</u>을 만들어 <u>주어</u>, <u>목적어</u>, <u>보어</u> 역할을
   하게 해줘요~

[p114]

3. 관계사
   3-1. 관계대명사

	주격	목적격	소유격
사람	wh<u>o</u>	wh<u>o</u>/wh<u>om</u>	wh<u>o</u>se
사물	wh<u>i</u>ch	wh<u>i</u>ch	wh<u>o</u>se/of which

☑ 주격, 목적격 관계대명사는 th<u>at</u>으로 바꿔도 돼요!
   (앞에 전치사나 콤마(,)가 있을 때에는 안 돼요)

☑ 목적격 관계대명사와 주격 관계대명사 + be동사는 생략할 수 있
   어요!

☑ 이외에도 관계대명사 wh<u>at</u>이 있는데 다른 관계사들과는 달리
   what은 ~것이라는 뜻으로 명사절을 만들어 주어, 목적어, 보어 역
   할을 하게 합니다~
   what은 <u>the thing which</u>로 바꿀 수 있어요~

[p116]

ex1) I know the girl who is dancing with Sam.

ex2) The woman whose hair is red is my teacher.

ex3) The man who Sandy met yesterday is smiling. /
   The man whom Sandy met yesterday is smiling.

ex4) I found the thing which he had lost. / I found what he had lost.

☑ 접속사 that과 관계사 that을 구분하는 Tip!

	that 뒤의 종속절	의미
접속사 that	완전한 문장	~것
관계대명사 that	불완전한 문장	~ㄴ
관계부사 that	완전한 문장	~ㄴ

[p117] 3-2. 관계부사 4개

시간	장소	방법	이유
when	where	how	why

☑ － 관계부사 = 전치사 + 관계대명사예요!
즉, 전치사+관계대명사를 관계부사로 바꿀 수 있어요~

[p118] ☑ － 관계부사 역시 that으로 바꿔도 돼요!

[p119] ☑ → 관계사(관계대명사, 관계부사)들은 '~ㄴ'받침의 뜻으로 형용사절을 만들어 관계사 앞에 있는 선행사인 명사를 수식해요~ －

[p120] 4. 접속사2
when(~할 때), before, after, until, if(만약 ~한다면), unless(만약 ~하지 않으면), although, even though(비록 ~일지라도), whereas, while(~하는 반면에, ~하는 동안에), because, as(~할 때, ~ 때문에), since(~한 후로, ~ 때문에), as if, as though(마치 ~인 것처럼) 등
→ 위 접속사들은 다양한 뜻으로 부사절을 만들어 문장을 수식해요~

[p121] ☑ 다음 문장에서 종속절에 괄호하고 명사절, 형용사절, 부사절 중 무슨 절인지, 어떤 역할을 하는지 써봅시다~

ex1) (where I stayed), 형용사절 → 명사 수식

ex2) (That the situation was bad), 명사절 → 주어 역할

ex3) (who talk too much), 형용사절 → 명사 수식

ex4) (when one is busy), 부사절 → 문장 수식

ex5) (what I want), 명사절 → 보어 역할

ex6) (while the iron is hot), <u>부사절</u> → <u>문장</u> 수식

ex7) (everyone likes), <u>형용사절</u> → <u>명사</u> 수식

ex8) (Whether she will do the work), <u>명사절</u> → <u>주어</u> 역할

ex9) (whether we should tell them about the situation),

     <u>명사절</u> → <u>보어</u> 역할

ex10) (which she recommended), <u>형용사절</u> → <u>명사</u> 수식

ex11) (he found the treasure), <u>형용사절</u> → <u>명사</u> 수식

PART 14   절 - 명사절

☑ 명사절을 만들어 주는 '~사'들 3가지

1. <u>접속사</u>: t<u>h</u>at(~것), i<u>f</u>/w<u>h</u>ether(~인지)

    ex1) <u>That</u>

    ex2) W<u>hether</u>

    ex3) That he told a lie is not surprising.

    ex4) Tell me if he comes today.

    ex5) The reason is that he did not work hard.

☑ 접속사 that으로 만든 종속절이 명사절로 <u>목적어</u> 역할을 할 때에는 that
을 생략할 수 있어요!

2. <u>의문사</u>: 뜻이 모두 '<u>~인지</u>'로 끝남
w<u>ho</u>(누가), w<u>hen</u>(언제), w<u>here</u>(어디에서),
w<u>hat</u>(무엇을), h<u>ow</u>(어떻게), w<u>hy</u>(왜), w<u>hich</u>+명사(어느 무엇)

  - 의문사로 종속절을 만들 때 종속절의 어순은 의문문 형식인 의문사
    동사 주어가 아니라 <u>의문사</u> + <u>주어</u> + <u>동사</u>예요!

    ex1) what her name is

    ex2) where he is

    ex3) I wondered why he asked me that.

    ex4) Who likes me is not important.

[p128]

3. 관계대명사 what: 뜻이 '~것'으로 끝남

    ex1) Is that <u>what</u> you want?

    ex2) The shop sells what I like.

    ex3) What I want is you.

PART 15   절 - 형용사절

[p132]

☑ 형용사절을 만들어 주는 <u>관계사</u>

1. 관계대명사

	주격	목적격	소유격
사람	who	who/whom	whose
사물	which	which	whose/of which

☑ 주격, 목적격 관계대명사는 <u>that</u>으로 바꿔 쓸 수 있다는 것, 잊지 않았죠?

    ex1) which/that she likes

    ex2) which/that he gave me

    ex3) who/whom/that

[p133]

    ex4) I know a man who/that has 10 dogs.

    ex5) I read the book you wrote.

    ex6) The person who/that called me last night was my mom.

    ex7) The party which/that we went to was very enjoyable.

2. 관계부사

시간	장소	방법	이유
when	where	how	why

☑ 관계부사도 <u>that</u>으로 바꿔 쓸 수 있다는 것, 기억하죠?

    ex1) when/that she can take a rest

[p134]

ex2) the reason why/that he made mistakes

ex3) Jason might/may/can know the way we can handle it.

ex4) I will visit the place where/that I have worked for a year.

ex5) This is why I like her.

PART 16 절 - 부사절

[p138]

☑ 부사절을 만들어 주는 접속사

when(~할 때), before, after, until,

if(만약 ~한다면), unless(만약 ~하지 않으면),

although, even though(비록 ~일지라도),

whereas, while(~하는 반면에, ~하는 동안에),

because, as(~할 때, ~ 때문에),

since(~한 후로, ~ 때문에),

as if, as though(마치 ~인 것처럼) 등

ex1) while

ex2) Since / As / Because

ex3) as if / as though

ex4) Even if / Even though you do not like it, you should/must do it.

[p139]

ex5) Stop writing when the bell rings.

ex6) If you need my help, call me.

ex7) Wait until the price goes down.

ex8) Look at the table of contents before you buy a book.

ex9) You will miss the buss unless you walk quickly.

[p140]

☑ 시간과 조건의 부사절 안에서는 미래 일을 말할 때에도 현재 시제를 써요!

ex1) when you visit Korea

ex2) As soon as she shows up

ex3) If summer comes, I will be happy.

[p144]   ☑ 가정법은 <u>사실의 반대,</u>
일어날 확률이 <u>없는</u> 일을 가정하고 싶을 때에만 쓰는 거예요!

1.   가정법 과거: <u>현재</u> 사실의 반대를 가정
       [지금 ~한다면, ~할 텐데]

☑ if 주어 <u>과거시제</u>~, 주어 w/c/s/m <u>동사원형</u>~.
ex1) If I <u>were</u> in UK, I <u>could</u> <u>speak</u> English.
ex2) If he lived in Korea, I would meet him every day.

[p145]   2.   가정법 과거완료: <u>과거</u> 사실의 반대를 가정
                    [과거에 ~했다면, ~했을 텐데]

☑ If 주어 <u>had+p.p</u>~, 주어 w/c/s/m <u>have+p.p</u>~.
ex1) If I <u>had</u> been you, I <u>would</u> <u>not</u> <u>have</u> <u>done</u> <u>so.</u>
ex2) If I had not been busy, I would have attended your wedding.

[p146]   3.   혼합가정법: <u>과거와 현재</u> 사실의 반대를 가정
                    [과거에 ~했다면, 지금 ~할 텐데]

☑ If 주어 <u>had p.p</u>~, 주어 w/c/s/m <u>동사원형</u>~.
ex1) If you <u>had</u> <u>not</u> <u>been</u> <u>born,</u> <u>my</u> life <u>would</u> <u>be</u> <u>meaningless.</u>
ex2) If you had had breakfast, you would not be hungry now.

4.   If의 생략

☑ 가정법에서 if를 생략하면 주어와 동사를 <u>도치</u>해요!

[p147]   5.   wish를 활용한 가정법
       ex1) I wish I were her.
       ex2) He wishes she had been happy.

[p148] 6. as if를 활용한 가정법

    ex1) He says as if he were a doctor.

    ex2) He acts as if he had not met me.

[p149] 7. without, but for를 활용한 가정법

    ex) Without your help, I would have failed.

        = But for your help,

        = If it had not been for your help,

        = Had it not been for your help,

PART 18   it의 역할

[p152] 1. 대명사 it

2. 비인칭 주어 it

[p153] 3. 가주어 it

주어가 길 때 주어 자리에 가주어 it을 쓰고 원래 주어를 문장 맨 뒤로 보내요!!

    ex1) It is said that he is a liar.

    ex2) It matters how we should live.

    ex3) It is no good crying over spilt milk.

[p154] 4. 가목적어 it

목적어가 길 때 목적어 자리에 가목적어 it을 쓰고 원래 목적어를 문장 맨 뒤로 보내요!

    ex1) The rain made it impossible for her to go home.

    ex2) He finds it difficult to talk to girls.

    ex3) He made it clear that he loved her.

[p155] 5. "It is ~ that" 강조구문의 it

강조하고 싶은 내용을 It is와 that의 사이에 넣고 나머지를 뒤에 써요!

    ex1) It was in the airport that

    ex2) It was the book that she bought for him.

[p158] 1. 원급

ex1) as fluently as

ex2) Paris is as beautiful as New York.

2. 비교급

ex1) faster than

ex2) The dessert was more delicious than the main dish.

[p159] ☑ The 비교급 (주어 동사~), the 비교급 (주어 동사~): ~하면 할수록 더 ~하다

ex1) The faster I run, the more calories I burn.

ex2) The harder you try, the more you will learn.

☑ 비교급 강조

ex1) much/even/still/far more popular

ex2) He drives much/even/still/far more carefully than her.

[p160] 3. 최상급

ex1) the best

ex2) Daegu is the hottest area in Korea.

☑ one of the 최상급(~est/most~) 복수명사: 가장 ~한 것들 중 하나

ex1) one of the busiest cities

ex2) He is one of the most hardworking students.

[p161] ☑ 헷갈리는 비교급, 최상급 다시 한 번 확인해 보아요!

원급	비교급	최상급
good/well	better	best
bad/ill	worse	worst
few	fewer	fewest
little	less	least
many/much	more	most

[p164] 1. 도치: 강조하고 싶은 내용을 문장 맨 앞에 쓰면 <u>주어</u>와 <u>동사</u>를 도치!

1-1. 부정어·only

↳ 부정어나 only를 문장 맨 앞에 쓰면 <u>의문문</u> 어순으로 주어와 동사를 도치!

ex1) did we go

ex2) have I seen such a beautiful flower

[p165] 1-2. 방향·장소를 나타내는 부사구

ex1) flows the river

ex2) is a coffee shop

1-3. 보어

[p166] ex1) are the documents

ex2) would be to decrease the amount of waste

↳ <u>목적어</u>는 문장 맨 앞에 써도 도치 안 해요~

1-4. so, neither, nor: '~도 그렇다'

ex1) will he

ex2) have I

[p167] 2. 강조

2-1. 동사 강조: do/does/did + 동사원형

ex1) I do hope you are well.

ex2) I do apologize for my late response.

2-2. 명사 강조

1) the very + 명사: '바로 그 (명사)'

ex1) the very thing

ex2) the very man who called us

2) 재귀대명사: '스스로 or 그 자체로'

ex1) himself

ex2) The musical itself was not good, but I liked the actor.

3. 생략

3-1. 반복을 피하기 위해 생략

ex1) (shines)

ex2) To her love is happiness to me (love is) pain.

3-2. 주절의 주어와 부사절의 주어가 같을 때 부사절의 '주어 + be 동사'를 생략

ex1) (it is)

ex2) Milk quickly turns sour unless (it is) refrigerated.

3-3. 공통어구가 있을 때 생략

ex)   felt and looked pleased

4. 삽입: 구나 절이 문장 중간에 삽입 됨

5. 동격: 명사를 보충 설명

5-1. 동격의 접속사 that을 활용

ex1) that she was fired

ex2) that we need to talk more

ex3) I have confidence that I can do it on my own.

ex4) The fact that she was late again annoyed her boss.

ex5) The faith that she was pretty made her arrogant.

5-2. 콤마(,)를 활용

ex)   his friend

5-3. of를 활용

6. 전체·부분 부정

6-1. 전체 부정: 뜻) 어느 / 어떤 ~도 아니다

6-2. 부분 부정: 뜻) <u>항상 / 모두 ~하는 것은 아니다</u>

ex1) anything

ex2) everything

ex3) Nobody

ex4) Not all the students

ex5) You do not know every person.

ex6) You do not know any person.

서술형 무감점을 위한
라이팅 스타트

초판 1쇄 인쇄 2018년 07월 31일
초판 1쇄 발행 2018년 08월 08일

지은이 김예진
펴낸이 김양수
표지 본문 디자인 곽세진

펴낸곳 휴앤스토리   **출판등록** 제2016-000014
주소 (우 10387) 경기도 고양시 일산서구 중앙로 1456(주엽동) 서현프라자 604호
대표전화 031.906.5006   **팩스** 031.906.5079
이메일 okbook1234@naver.com   **홈페이지** www.booksam.kr

ISBN 979-11-89254-04-9 (53740)